VERBORGENES
STOCKHOLM

Per Faxneld

JONGLEZ VERLAG
Reiseführer

Wir hatten große Freude bei der Arbeit an diesem Reiseführer mit dem Titel *Verborgenes Stockholm* und hoffen, dass Sie wie wir in seiner Begleitung ungewöhnliche, verborgene oder eher unbekannte Aspekte der Stadt entdecken können.

Alle aufgeführten Orte sind gut erreichbar und auf den Karten zu Beginn der einzelnen Kapitel eingezeichnet. Einige Einträge sind mit historischen Anmerkungen oder Anekdoten versehen, die dazu beitragen sollen, die Stadt in ihrer ganzen Komplexität zu verstehen.

Verborgenes Stockholm soll Ihre Aufmerksamkeit auch auf eine Vielzahl von Details lenken, auf die wir an Orten gestoßen sind, an denen man Tag für Tag achtlos vorübergeht. Wir verstehen das als Einladung, die urbane Landschaft, die uns umgibt, genauer zu betrachten. Ganz allgemein möchten wir den Blick auf unsere Stadt öffnen, sodass ihr auch Einheimische mit der gleichen Neugier und Aufmerksamkeit begegnen, die wir auf Reisen so oft an den Tag legen …

Über Anmerkungen zu diesem Reiseführer und seinem Inhalt sowie Informationen zu Orten, die darin nicht aufgeführt sind, freuen wir uns sehr und bemühen uns, diese in künftige Ausgaben aufzunehmen.

Kontaktieren Sie uns:
E-Mail: info@jonglezverlag.com

Stockholm Arlanda
UPPSALA
Brunnsviken
Roslagvägen
Råsunda
Hagalund
Hagaparken
Uppsalavägen
Skytteholm
Solna Kyrkby
Solnavägen
Sveavägen
Västra skogen
Vasastaden
Odengatan
Ulvsundasjön
Karlberg
S. 100
Kristineberg
Stadshagen
Norrmal
Kungsholmen
Stockholm Central
Västerbron
Riddarfjärden
Lilla Essingen
Stora Essingen
Långholmen
Reimersholme
Hornsgatan
Gröndal
Ekensberg
Tantolunden
Ringväge
E4
E20
Trekanten
Årstadal
Liljeholmen
Aspudden
Årstaviken
Hägertensvägen
Midsommarkransen
Årstalänken
Årsta
S. 152
ESKILSTUNA, ÖREBRO, NORRKÖPING

S. 234
Tranholmen
Islinge
Norra Kungsvägen
Torsvik
Lilla Värtan
Lidingo
Norra
Djurgården
Lidingöbron
Herserud
Södra Kungsvägen
Baggeby
Hjorthagen
E20
Lidingövägen
Ladugårdsgärdet
Valhallavägen
Lindarängsvägen
Sturegatan
Östermalm
Strandvägen
S. 10
Vasamuseet
Skeppsholmen
Djurgården
STOCKHOLM
Saltsjön
Danviken
Värmdöleden
Södermalm
Götgatan
Henriksdal
Finntorp
Värmdövägen
Alphyddan
Södra
Hammarbyhmanen
S. 66
N
Björkhagen
Ninäsvägen
0
1
2 km

INHALT

Gamla Stan

Sodermalm

Kungsholm – Normalm

INHALT

Der Nordwesten

Der Nordosten

N
NORRMALM
Drottninggatan
Brunkebergstork
Kungsträdgårdsgatan
Stallgatan
Vattugatan
Herkulesgatan
Karduansmakargatan
Jakobsgatan
Fredsgatan
Operahuset
Strömgatan
STRÖMBRON
NORRBRO
Helgeandsholm
Strömgatan
RIKSBRON
Riksdagshuset
Norrström
VASABRON
Strömsborg
Centralbron
Slottskajen
SALLBRON
Skeppsbron
Kungliga Slottet
SLOTTSBACKEN
Riddarhuset
Storkyrkan
Telegrafgränd
Storkyrkobrinken
Riddarholmen
GAMLA STAN
Köpmangatan
Brunnsgränd
STORTORGET
BIRGER JARLS TORG
Gåsgränd
Själagårdsgatan
Kindstugatan
Riddarholmkyrkan
Stora Nygatan
Västerlånggatan
Svartmangatan
Österlånggatan
Lilla Nygatan
Prästgatan
Packhusgränd
Munkbrogatan
Tyska Brinken
Munkbroleden
Gamla Stan
KORNHAMNSTORG
JÄRNTORGET
Skeppsbron
Riddarfjärden
Centralbron
Strömm
Söder Mälarstrand
Bastugatan
Pustegränd
Blecktornsgränd
Tavastgatan
Brännkyrkagatan
Hornsgatan
Götgatan
Slussen
Katarinaväge
Klevgränd
Hornsgatan
SÖDERMALM
Sankt Paulsgatan
MOSEBACKE TORG
MARIATORGET
Bellmansgatan
Repslagargatan
Götgatan
Sankt Paulsgatan
Mariatorget
0
100
200
1
2
3
4
5
6
7
8
9
10
11
12
13
14
15
16
17
18
19
20
21
22
23
24

Gamla Stan

DAS FAUN- UND VULVA-ORNAMENT ①

Ein weinender Faun, der Tränen auf Genitalien vergießt?

Skeppsbron 44
Metro-Station: Gamla Stan

Über eine seltsame Verzierung an einem der dem Wasser zugewandten Häuser in der Altstadt ist schon viel spekuliert worden. Das 1906 errichtete Gebäude beherbergt das Restaurant Zum Franziskaner, das 1421 eröffnet wurde und Stockholms ältestes Lokal sein soll (auch wenn es offensichtlich im Laufe der Zeit nicht immer am selben Ort war). Über dem Eingangstor neben dem Restaurant schielt die gehörnte und bärtige Fratze eines Fauns (eine lüsterne Kreuzung aus Mensch und Ziege in der griechisch-römischen Mythologie) auf die Straße, und unter ihm ist eine Vulva angebracht – zumindest wurde sie oft als solche interpretiert. Jene, die anderer Meinung sind, betonen, dass dies im prüden Schweden der Jahrhundertwende eine sehr kühne künstlerische Wahl gewesen wäre.

Doch es wäre nicht abwegig, eine Vulva mit einem Faun zu verbinden, da Faune und der griechische Gott Pan in der schwedischen Literatur und Kunst als Symbole für sexuelle Freiheit und Ausschweifung gelten. Vielleicht war es ein zweideutiger Scherz des Bildhauers, um jene Passanten zu irritieren, die auf diese Details achteten und noch dazu eine schmutzige Fantasie besaßen. Oder vielleicht hatte ihn sein Auftraggeber sogar darum gebeten.

Das Haus wurde vom wohlhabenden Carl Smith (1822–1895) in Auftrag gegeben. Die Baupläne dazu kamen von Fredrik Dahlberg (1857–1932). Dr. Katarina Bonnevier von der Architekturhochschule in Stockholm ist Expertin für queerfeministische Analysen von Gebäuden und bot früher Stadtführungen, basierend auf ihrer besonderen Expertise, an. Dieses Haus, das wenig höflich auch Fitthuset („Mösenhaus") genannt wird, war Teil ihrer Tour. Darüber, wie „queer" die seltsame Verzierung wirklich ist, lässt sich streiten, außer man nimmt an, dass sie zum Körper des Fauns gehört, was ihn transsexuell oder zu einem Hermaphroditen machen würde.

Die Leute, die im Gebäude arbeiten, erzählen, dass Carl Smith mit der Vulva angeblich die Untreue seiner Frau darstellen wollte. Das männliche Gesicht über dem Ornament ist in einem Winkel angebracht, dass es bei Regen zu weinen scheint und seine Tränen auf die Vulva fallen. Das würde auf Smiths Trauer angesichts seiner Eheprobleme hinweisen. Und auch wenn diese Geschichte unterhaltsam ist, ist sie eher unplausibel.

Für eine ebenso fantasievolle, aber okkulte Erklärung könnte man Bonneviers queerer Argumentationslinie in eine andere Richtung folgen und das Faun-Gesicht, gepaart mit einer Vulva, mit dem berühmten Bild von Baphomet des französischen Esoterikers Eliphas Lévi (1810–1875) verbinden; dieser ziegenähnliche Hermaphrodit steht für die Vereinigung verschiedener Gegensätze. Eine solche Interpretation wäre nur dann legitim, wenn man wüsste, dass sich Smith, Dahlberg oder der Bildhauer für Esoterik interessiert hätten – was aber unwahrscheinlich ist.

DIE FAMILIENSTATUE, DIE SICH DREHT

②

Figuren, die bewegt und sogar gedreht werden können

Mälartorget
Metro-Station: Gamla Stan

Die Statue *Familjen* („*die Familie*") in der Nähe der Metro-Station Gamla Stan besitzt einen wenig bekannten Mechanismus. Um sie rankten sich in jüngster Vergangenheit dramatische und seltsame Geschichten.

Diese Bronzeskulptur auf einem Granitsockel zeigt eine Mutter, einen Vater und deren Kind.

Mit den Schienen im Sockel, über die alle drei Figuren bewegt und sogar gedreht werden können, ist sie genial konstruiert. Jeder kann die Position der Familie verändern. So entfernt sich das Kind das eine Mal von seinen Eltern und wird dann wieder fest von ihnen umarmt. Und so weiter.

Es kommt sehr selten vor, dass jemand die Figuren wirklich bewegt, da die meisten Leute eine Statue für komplett starr halten.

Die Statue wurde 1972/73 von der Bildhauerin Pye Engström (geb. 1928) angefertigt, basierend auf einem kleineren Werk, das sie in den 1960ern bei der Ausstellung Multikonst („Multikunst") präsentierte. Engströms Werke sind häufig verspielt und einladend und oft dazu bestimmt, gestreichelt und berührt zu werden. Sie meint, dass die Skulpturen von den Berührungen profitieren und es ihre Patina verstärkt.

Das gestohlene Kind

Im November 2007 wurde das Kind der Familie gestohlen. Die Künstlerin war am Boden zerstört. Sie verstand nicht, was jemand mit dem Kind anfangen wollte und war überrascht, dass es gelungen war, die Skulptur vom Sockel zu trennen. Mittlerweile hat sie die Skulptur rekonstruiert, und jetzt sitzt wieder ein Kind zwischen den Erwachsenen.

Fliegen-Treff: Wo die Latrinen der Stadt geleert wurden

Die Geschichte des Platzes, auf dem die Statue steht, reicht zumindest bis in die Mitte des 19. Jahrhunderts zurück, als er zum Entladen von Agrargütern diente, die mit dem Boot in die Stadt kamen. Ein nicht so schöner, aber umso schillernderer historischer Aspekt ist, dass man hier früher hinter einem Holzzaun die Latrinen der Stadt leerte. Die stinkende Masse wurde dann von Frauen, oft ehemaligen Gefängnisinsassinnen, mit dem Boot weggebracht. Auch wenn der Platz ab 1850 nicht mehr diese Funktion erfüllte, lebt der damit verbundene Name – Flugmötet („Fliegentreff") – weiter. 1921 schlug man ihn sogar als offiziellen Namen vor, doch stattdessen bekam er den neutraleren Namen Mälartorget („Mälarsee-Platz").

DAS VON KANONEN FLANKIERTE TOR AUF DER VÄSTERLÅNGGATAN 68

③

Der Schädel und die Relikte Descartes – eine unglaubliche Geschichte

Västerlånggatan 68
Die Innenräume des Hauses sind nicht für die Öffentlichkeit zugänglich
Metro-Station: Gamla Stan

Das Haus in der Västerlånggatan 68 ist ein markantes Beispiel für barocke Architektur, die interessanterweise durch zwei Kanonenrohre ergänzt wird, die das Eingangstor flankieren. Sie sollen die Skulpturen dahinter vor Beschädigungen durch vorbeifahrende Wagen und Kutschen schützen und wurden Ende des 18. Jahrhunderts hinzugefügt.

Das Haus selbst wurde um 1630 auf mittelalterlichen Fundamenten als erster von vielen Privatpalästen während Schwedens Großmachtzeit errichtet und wurde später Wohnsitz des französischen Botschafters.

Hier ist auch der französische Philosoph René Descartes (1596–1650) 1650 auf mysteriöse Weise gestorben (siehe folgende Doppelseite).

Mann, der vom Betreten des Cafés, das sich hier viele Jahre befand, abgehalten wird. 1950er-Jahre
© Hernried, Karl Heinz/Nordiska museet

Wurde Descartes von einem katholischen Priester vergiftet?

Im bitterkalten Januar 1650 erkältete sich der französische Philosoph René Descartes, der zu der Zeit Gast am Hof der schwedischen Königin Kristina war. Anfang Februar wurde daraus eine Lungenentzündung und er verstarb am 11. desselben Monats. Damals wohnte er im Haus des französischen Botschafters in der Västerlånggatan 68. Die Königin hatte ihn eingeladen, eine wissenschaftliche Akademie zu gründen und ihr Privatunterricht zu seinen radikalen Ideen über Liebe und die Leidenschaften der Seele zu geben. Doch die beiden kamen nicht miteinander aus, und dem französischen Gast missfielen seine Besuche in Kristinas kaltem, zugigen Schloss, wo der Unterricht, auf Kristinas Wunsch, um fünf Uhr Früh begann. Laut Theodor Ebert – einem Descartes-Experten der Universität Erlangen – meinte Jacques Viogué, ein katholischer Missionar in Stockholm, Descartes gefährde die Hoffnungen, Kristina zum Katholizismus zu bekehren (was später gelang). Viogué und andere hielten Descartes Ideen für ketzerisch und eine Gefahr für eine erfolgreiche Bekehrung. Der Arzt, der den Philosophen behandelte, glaubte, dass etwas mit seinem Urin nicht stimmte, was auf eine Vergiftung hindeuten könnte. Die Tatsache, dass der Patient selbst – der umfangreiche Medizinkenntnisse besaß – nach einem Brechmittel fragte, deutet auch in diese Richtung. Nichts davon passt zu den Symptomen oder der Behandlung einer Lungenentzündung, sondern eher denen einer Arsenvergiftung. Ebert legt daher nahe, dass Descartes von Viogué mit einer mit Arsen versetzten Hostie ermordet wurde. Möglicherweise wurde das Gift auch auf andere Weise verabreicht. Während der Restaurierung des Hauses im Jahr 1908 berichtete die Wochenzeitung *Idun*, dass der Keller, in dem ehemalige Mönchszellen oder Kerker vermutet wurden, geheime Gänge umfasste, die nach draußen bis auf die Straße führten. Vielleicht erlangten die Mörder von Descartes, wenn es sie denn gab, über diese Gänge Zugang zum Haus und vergifteten sein Essen oder die Getränke? Nach seinem Tod wurde Descartes in Stockholm begraben, 16 Jahre später aber ließ ihn der neue französische Botschafter, der sich für Relikte begeisterte, exhumieren und stahl Descartes rechten Zeigefinger, der „dem Verstorbenen als Instrument für seine Schriften gedient hatte". Man legte die Gebeine, ohne den Finger, in einen kleinen Kupfersarg und schickte sie nach Frankreich zurück. Doch niemand wusste, dass der Kommandant der schwedischen Soldaten, die die Öffnung des Grabes beaufsichtigten, den Schädel gestohlen hatte. Seine Überreste wurden in der Pariser Kirche St.

Geneviève bestattet. Nach weiteren Umbettungen im Zuge der Revolution von 1789 (bei der ein Kurator einen platten Knochen stahl, um daraus Ringe für seine Freunde zu machen!), entdeckte die französische Akademie bei der Öffnung des Sarges, dass der Schädel fehlte. Laut einer Version der Geschichte, erfuhr der schwedische Wissenschaftler Jöns Jacob Berzelius (1779–1848) davon, und als er sah, dass der Schädel in Stockholm versteigert wurde, kaufte er ihn und brachte das fehlende Körperteil schließlich zurück. War es der echte Schädel? Insgesamt werden fünf verschiedene Schädel (einer soll ein Gedicht in Latein und die Namen neun aufeinanderfolgender Besitzer eingraviert haben) Descartes zugeordnet …

DIE MÅRTEN TROTZIGS GRÄND

④

Stockholms schmalste Gasse, die jedes Jahr ein wenig enger wird

Die Gasse ist von der Prästgatan 80 oder der Västerlånggatan 79 zu erreichen
Metro-Station: Gamla Stan

Die Trotzigs Gränd ist Stockholms schmalste Gasse. An der engsten Stelle ist sie nur 90 cm breit, weshalb man sie leicht übersieht. Manche machen sich einen grausamen Scherz daraus, schwer übergewichtige Menschen in die Altstadt zu führen und eine Abkürzung durch die Mårten Trotzigs Gränd vorzuschlagen, um zuzusehen, wie das Opfer dann entweder feststeckt, seine Kleidung ruiniert oder gezwungen wird, umzukehren.

In den 1950er-Jahren versteckten sich hier Kinder, um Zigaretten zu rauchen, während heute die Wände gerne mit Graffiti beschmiert werden.

Auf einer Tafel in der Gasse steht: „Mårten Trotzigs Gasse/ früher bekannt als enges Treppengässchen / ist nach dem Kaufmann Mårten Trotzig 1559–1617 benannt / Im August 1945 brachten Mitglieder der Familie Trotzig diese Gedenktafel zum Gedenken an ihren Vorfahren an".

Die Tafel ist tatsächlich (um vier Jahre) älter als die offizielle Genehmigung für den Gassennamen, die erst 1949 erteilt wurde. 1945 gab es noch keine Treppen in der Gasse, und es war mehr oder weniger nur ein steiler Hang, in dem einige Steine steckten. Die Häuserwände auf beiden Seiten waren stark abgenutzt und größtenteils fehlte der Verputz. Die Gasse wurde restauriert und mit einer 36-stufigen Treppe versehen.

Vor 1945 war die Gasse wirklich ein geheimer Ort, der nur auf alten Karten auftauchte, da sie 100 Jahre lang auf beiden Seiten mit Brettern vernagelt und nicht zugänglich war.

Heute ist zu befürchten, dass sich der obere Gassenteil (das oberste Stockwerk der Häuser) an einigen Stellen ganz schließt. Da die Häuser langsam nach innen sinken, ist der obere Bereich nur mehr etwa 50 cm breit. Dies ist deutlich an der Straßenlaterne zu erkennen, die an einer Wand befestigt ist und mittlerweile fast die Wand gegenüber berührt. Wird nichts unternommen, ist dieser Ort bald wohl eher ein Tunnel als eine Gasse.

Damals als Herr Traubtzich bekannt, wanderte Mårten Trotzig im Jahr 1581 von Deutschland nach Schweden aus. Sein Wappenschild war mit Trauben verziert, und später änderte er seinen Namen zu dem schwedisch klingenderen Trotzig (was im modernen Schwedisch sowohl ähnlich wie das Wort für „trotzig" klingt als auch seinem Wappenbild ähnelt).

In Schweden florierte sein Geschäft. Er verdiente mit Kupferhandel ein Vermögen und wurde zu einem der reichsten Männer der Stadt. 1597 bzw. 1599 kaufte er die Häuser auf beiden Seiten der Gasse. Trotzigs Leben endete tragisch. Er wurde auf einer Geschäftsreise nach Falun, nördlich von Stockholm, ermordet.

DIE GEDENKTAFEL AN CARL LARSSONS GEBURTSHAUS

5

Die dunkle Vergangenheit des fröhlichsten der schwedischen Maler

Prästgatan 78
Die Innenräume sind nicht für die Öffentlichkeit zugänglich
Metro-Station: Gamla Stan

Das Werk des Malers Carl Larsson (1853–1919) wurde in Schweden in vielerlei Hinsicht zum Inbegriff der Nationalromantik. Seine technisch makellosen, farbigen Zeichnungen, Ölgemälde und anderen Werke sind die Art von Kunst, die das Publikum normalerweise liebt – und Kunstkritiker verabscheuen.

Das Gleiche gilt für sein Haus in Sundborn, Dalarna, ein von Carl und seiner Frau Karin nach den Idealen des British Arts and Crafts Movement geschaffenes Gesamtkunstwerk. Die Tafel, die in der Altstadt das Haus kennzeichnet, in dem er geboren wurde, übersieht man leicht, besonders, seit die Mauer wiederholt mit Graffiti beschmiert wurde.

Carls bildliche Darstellungen des Lebens in Sundborn sind berühmt für ihre harmonische, heitere Atmosphäre. Steht man jedoch vor dem Haus, in dem er geboren wurde (im Haus gibt es nichts, was an ihn erinnert, und die Innenräume sind nur für Bewohner zugänglich), kann man über die widrigen Bedingungen nachdenken, unter denen er seine ersten Lebensjahre verbrachte – eine Seite seines Lebens, von der die meisten Schweden nichts wissen.

Er wurde am 28. Mai 1853 geboren und seine Eltern hatten ein Gasthaus, in dem kein Alkohol ausgeschenkt wurde. Ein solches Gasthaus für Abstinente war dem Untergang geweiht und ging bankrott. Nachdem er mit dem Gasthof gescheitert war, verließ der Vater die Familie und Carl und seine Mutter landeten mittellos auf der Straße. Eine der einprägsamsten Erinnerungen, die der Junge an seinen Vater hatte, war dessen Aussage, dass er den Tag seiner Geburt verfluchen würde.

Die sozialen Verhältnisse in der Altstadt waren damals im Allgemeinen ziemlich miserabel und Carl Larssons Aufstieg zu nationalem Ruhm und Reichtum ist die klassische Tellerwäschergeschichte. Der junge Carl war von Anfang an davon überzeugt, für Größeres bestimmt zu sein, und seine Memoiren beschreiben sein jugendliches Selbstbild als „geborenen Ritter unter Gesindel" (*en boren riddare bland Slöddret*). Seine unglückliche Kindheit ließ ihn nicht los und er spürte, dass seine lächelnde und unbeschwerte Seite nur eine Maske war, hinter der sich sein wahres Ich verbarg.

Die Gedenktafel wurde 1920 von der Stockholms-Gillet (Stockholmer Gilde) am Haus angebracht, einer Organisation, die 1914 gegründet wurde und die in späteren Jahren (Ende der 1980er-Jahre) wegen ihrer Weigerung, Frauen als Mitglieder aufzunehmen (eine Richtlinie, die mittlerweile aufgehoben wurde) als kontrovers galt.

Das modellierte Gesicht Carl Larssons auf der Tafel sieht, trotz der Graffiti, so sicher und selbstbewusst wie immer aus, doch wer weiß, welch düstere Gedanken sich hinter seinem üppigen Schnurrbart und dem kleinen Kinnbart verbergen.

DER KELLER DER SCHWARZEN BRÜDER

6

Ein schöner, verborgener Keller

Södra Benickebrinken 4 – Metro-Station: Gamla Stan
Führungen für Gruppen können gebucht werden:
Medeltidsmuseet.stockholm/besok/historiska-rum/svartbrodraklostrets-kallare

Hinter einer kleinen, anonymen schwarzen Eisentür in der Södra Benickebrinken 4 liegt der Eingang zum gut erhaltenen Keller des Klosters der Schwarzen Brüder (der Name kommt von den schwarzen Mänteln der Dominikaner, die sie über ihrem weißen Habit trugen). Steigt man die schmale Treppe in das schwach beleuchtete mittelalterliche Ziegelgewölbe hinab, umschließt einen die kühle Kellerluft mit geisterhaften Fingern. Zu den Spuren der Vergangenheit zählen ein Kamin und der wunderschöne Boden aus Gotland-Kalkstein aus dem 13. Jahrhundert.

Der Keller diente vermutlich als Herberge für Pilger, die wegen eines wundersamen Altarbildes (siehe unten) nach Stockholm kamen. Man kann sich gut vorstellen, wie sie sich unter dem Gewölbe dicht zusammendrängten – oft krank oder von den Mühen des Lebens geplagt – und verzweifelt hofften, ihre Reise in diese Stadt würde alles wieder in Ordnung bringen. Der stimmungsvolle Raum ist alles, was heute von einem einst weitläufigen Bau und dem sehr bedeutenden Klosterorden übrig ist. Das Kloster war das letzte von drei, die in Stockholm gegründet wurden, als König Magnus Eriksson dem Orden 1336 Land schenkte.

Ein wundersames Silberbild

Die Dominikaner lukrierten mit einem besonderen Artefakt ein festes Einkommen: Ein Altarbild aus vergoldetem Silber, das Besucher von nah und fern anzog, machte das Kloster und seine Kirche zu einem Wallfahrtsort. Es zeigt Christus, wie er vom Kreuz genommen wird. Das silberne Bild sollte wundersame Kräfte besitzen, die auf jene, die Geld spendeten, übertragen wurden. Viele solche Geschichten stehen in einem Legendarium aus dem frühen 15. Jahrhundert. Zum Beispiel wurde eine gelähmte Frau geheilt, und ein Junge, der ertrunken war (und mehrere Stunden unter dem Eis lag) wurde wieder lebendig, ebenso wie ein Soldat, dem man einen Pfeil in den Hals geschossen hatte. Als König Gustav Vasa von Schweden zum Protestantismus konvertierte, verbannte er alle katholischen Orden aus dem Land. Das Dominikanerkloster wurde 1528 aufgelöst und die Gebäude abgerissen. Das dauerte mehrere Jahre, wobei einige Bauten bis 1547 stehen blieben. Das Baumaterial verwendete man für den Königspalast. König Gustav übernahm auch das Altarbild und schmolz es ein – oder wies (eine andere Version) seinen Schatzkanzler an, es in Bremen zu verpfänden. Sein Schicksal ist unbekannt, und man munkelt, dass der Orden es, nach seiner Verbannung, unter seinen Besitztümern vergraben hätte. Archäologische Ausgrabungen in der Gegenwart förderten nichts zutage, doch einige sind nach wie vor davon überzeugt, dass es sich unter dem Keller befindet.

DAS RELIEF AUF DEM HUSET BRASAN

⑦

Ein mysteriöses Relief von höllischer bzw. heiliger Bedeutung

Kindstugatan 18
Das Haus kann jederzeit von außen besichtigt werden. Das Relief befindet sich im Treppenhaus und ist durch das Glas des Eingangstors zu sehen.
Metro-Station: Gamla Stan

An der Ecke Kindstugatan und Svartmannagatan hat das Huset Brasan („Feuerhaus") seinen Namen von einem mysteriösen Relief mit einem viel diskutierten Motiv, das früher an seiner Fassade angebracht war, aber jetzt im Treppenhaus in der Kindstugatan 18 hängt.

Das Relief mit der Jahreszahl 1558 und den Initialen HQ zeigt einen Ritter (oder einen Mann im Gewand des 16. Jahrhunderts) sowie einen Mönch. Die Figuren, die am Hals zusammengebunden sind, pusten in ein Feuer. Obwohl eindeutig zwei bärtige Männer zu sehen sind, besagt eine Interpretation, dass es einen Mann und seine Frau zeigt, die sich andauernd stritten und deshalb 1558 dazu verurteilt wurden, gemeinsam ein Feuer in Gang zu halten. In einer anderen Version sind die Figuren

ein Bäcker und seine Frau, die gehängt wurden, weil sie minderwertiges Brot produzierten. Doch davor zwang man sie zu einem Vorgeschmack auf die höllischen Qualen, die sie im Fegefeuer erwarteten. Einer dritten Theorie zufolge war das Relief einfach ein Schild, das die Menschen vor den Gefahren des Feuers in den engen Gassen der Altstadt warnen sollte.

Die Historiker sind völlig anderer Meinung. Sie halten die Figuren für den Hl. Cosmas und den Hl. Damian, Zwillingsbrüder, die beide Ärzte waren und in Syrien im Jahr 287 oder 303 einen Märtyrertod starben. Nach ihrer Heiligsprechung wurden sie die Schutzheiligen der Chirurgen. Jedoch werden sie normalerweise nicht als Mönch und Ritter dargestellt (obwohl sie Militärärzte waren; es handelt sich hier vielleicht um eine Deutung, die diese Doppelfunktion ihres Berufs zeigt) und nicht mit Feuer assoziiert (sie wurden gekreuzigt, gesteinigt, mit Pfeilen durchbohrt und schließlich enthauptet). Auch diese Interpretation ist also nicht eindeutig. Sicher dagegen ist, dass die Initialen HQ auf dem Relief zum Stockholmer Chirurgen Henry Quant gehören, der es Mitte des 16. Jahrhunderts in Auftrag gab, als er in dem Haus wohnte. Das unterstützt die Vermutung, dass die Figuren (wenn auch in atypischer Darstellung) die heiligen Zwillinge sind. Man glaubte, dass der Hl. Cosmas und der Hl. Damian vor der Pest schützen würden. Im 16. Jahrhundert (als das Relief entstand) wurde Schweden mehr als ein Dutzend Mal von der Pest heimgesucht.

DAS VERBRANNTE GRUNDSTÜCK ⑧

Eine versteckte Oase in ruhiger Umgebung

Brända-Tomten-Platz (Kreuzung Kindstugatan und Själagårdsgatan)
Metro-Station: Gamla Stan

In einem ruhigen Teil der Altstadt gelegen, etwas abseits der ausgetretenen Touristenpfade, ist die Idylle des kleinen Brända-Tomten-Platzes („Das verbrannte Grundstück") schwer zu überbieten. Der Name Brända Tomten kommt erstmals 1760 in offiziellen Dokumenten vor.

Ursprünglich stand dort ein kleines Haus, das jedoch 1728 abbrannte. Der Besitzer des Grundstücks errichtete dort jedoch kein neues Gebäude mehr. Kutschenfahrer und Fuhrleute entdeckten bald, dass der Ort sich gut zum Wenden ihrer Equipagen eignete, was in den engen Gassen der Altstadt schwierig war.

Einer der berühmtesten schwedischen Schriftsteller, August Strindberg (1849–1912), schrieb gegen Ende seines Lebens ein Stück mit dem Namen *Brända Tomten* (1907), das sich jedoch auf das später abgerissene Haus in der Nähe von Riddarholmen bezog, wo er geboren wurde. Dennoch wäre der Platz in der Altstadt sicherlich der perfekte Ort, um Strindbergs symbolträchtiges Kammerspiel aufzuführen.

Heute wird auf diesem Platz hauptsächlich die Ruhe genossen, gelesen oder gepicknickt. Senioren oder Studenten wechseln sich auf den bequemen Bänken ab, einige haben Thermoskannen dabei und viele sitzen dort, um ein Buch oder die Zeitung zu lesen. Da der Platz ziemlich versteckt liegt, ist er selten überfüllt. Vor ein paar Jahren eröffnete in einem der Gebäude auf dem Platz ein Café, das die Ruhe jedoch kaum beeinträchtigt. Viele bringen trotzdem ihren eigenen Kaffee und Snacks mit, die sie im Schatten der schönen Kastanie, die mitten auf dem Platz steht, essen.

Vorsicht!

Obwohl einer der schönsten Orte in Stockholm zum Hinsetzen und Entspannen, birgt der Brända Tomten im Herbst auch eine Gefahr: Im September und Oktober lässt die Kastanie ihre stacheligen Früchte auf die Bänke fallen. Landet nur einer dieser grünen Bälle auf einem Kopf, ergibt das eine böse Beule. Bringen Sie also ihren mittelalterlichen Ritterhelm mit, wenn Sie sich im Herbst auf den Bänken niederlassen!

DAS ROSENTOR

9

Stockholms ältestes Tor und die Insignien eines Piraten?

Staffan Sasses Gränd, zugänglich von der Köpmangatan
Metro-Station: Gamla Stan

Das kleine mit Rosen verzierte Tor (datiert um 1580) am Ende der äußerst kurzen und leicht zu übersehenden Sackgasse Staffan Sasses Gränd („Staffan-Sasse-Gasse") wird oft als Stockholms ältestes bezeichnet. Wenn Sie durch das niedrige Portal gehen, das den ersten Teil der Gasse bildet, betreten Sie einen winzigen, idyllischen Hof, in dem die Vergangenheit seltsam lebendig scheint.

Die Gasse ist nach Staffan (oder Stefan) Sasse (ca. 1500–1566) benannt, einem in Lübeck geborenen Freibeuterkapitän im Dienste des schwedischen Königs Sten Sture dem Jüngeren (d. h. eine Art Pirat, der die Schiffe der Feinde Schwedens plünderte). Unter König Gustav Vasas Herrschaft wurde er Admiral und besetzte mehrere wichtige Ämter, die nichts mit der Schifffahrt zu tun hatten.

Man weiß, dass Sasse an den Turnieren teilnahm, die mit voller Ritterrüstung und scharfen Waffen geführt wurden. Diese wurden von Gustav Vasa organisiert, als er die Witwen und Töchter der Opfer des Stockholmer Blutbads (siehe S. 40) verheiraten wollte. Doch Sasse schlug sich nicht gut. Vielleicht war er auf dem Deck eines Schiffes ein besserer Kämpfer als auf dem Pferd. Immerhin heiratete er später Margareta Bengtsdotter aus der Adelsfamilie Ulv. Im Juli 1524 kaufte der ehemalige Pirat ein Haus in der Köpmannagatan. Die schmale Gasse dahinter wurde also Staffan-Sasse-Gasse genannt – ein Name, der in Dokumenten aus dem Jahr 1569 erwähnt wird. Später änderte sich der Name mehrfach. So hieß sie zum Beispiel Ignatiigränd, nach dem innovativen Buchverleger und Drucker Ignatius Meurer (1586–1672). 1925 erhielt sie wieder ihren ursprünglichen Namen. Die steinernen Rosen rund um das Tor deuten wahrscheinlich auf die Rosen in Sasses Wappenschild hin.

Eine weitere Geschichte rund um das mit Rosen verzierte Tor, bei der es nicht um Piraten geht, ist auf andere Art definitiv romantisch. Demnach war dies das Haus, in dem Karin Månsdotter, damals Dienstmädchen im Königspalast, wohnte. 1563 verliebte sich König Erik XIV. unsterblich in Karin und machte sie zu seiner Geliebten. Sie gebar ihm zwei Söhne. Das war nicht ungewöhnlich, aber die anschließende Entscheidung des Königs, seine Geliebte zu heiraten und sie zur Königin zu machen, war es ganz gewiss. Nicht alle begrüßten den Aufstieg einer Bürgerlichen, deren Vater Gefängniswärter war, was zu wachsender Unzufriedenheit mit Erik XIV. führte.

In einer bekannteren Episode der schwedischen Geschichte wurde er abgesetzt und später ermordet (er soll vergiftete Erbsensuppe gegessen haben). Seltsamerweise erhielt Karin von den neuen Herrschern ein großes Anwesen in Finnland (das damals zu Schweden gehörte) und wurde für ihre Güte gegenüber den Armen bekannt. Sie wurde in Åbo, Finnland, begraben, und ihr Grab ist noch immer regelmäßig mit Blumen unbekannter Bewunderer bedeckt. Vielleicht mit Rosen?

DIE RÄUME DER WEINZIEHERZUNFT

⑩

Die Räumlichkeiten der letzten aktiven Zunft

Stora Hoparegränd 6 – Metro-Station: Gamla Stan
Führungen für Gruppen können über:
Medeltidsmuseet.stockholm/besok/historiska-rum/vindragarlagets-skralokal

Die Weinzieher (auf Schwedisch *vindragarlaget*) waren Schwedens letzte aktive Zunft. Im Gebäude in der Stora Hoparegränd 6 sind die Räume, die ihnen zwischen 1818 und 1930 als ihr Hauptquartier dienten, erhalten. Am Tor des Gebäudes sieht man zwei Weinzieherwerkzeuge – ein Spezialmesser und ein Werkzeug zur Weinentnahme – die dort in Stein gehauen sind. Die Zunft betrieb auch eine Herberge, deren Innenräume noch immer so aussehen wie 1930, einschließlich der alten Möbel und verschiedener Werkzeuge, die an den Wänden hängen.

Ein besonders interessantes Objekt ist die Zunfttruhe aus dem Jahr 1750. Die Räume sind das einzige Hauptquartier einer schwedischen Zunft, die in ihrem ursprünglichen Zustand und am ursprünglichen Standort erhalten sind.

Die Weinzieher waren in Stockholm eine wichtige Gruppe, die es vom Mittelalter bis 1930 gab. Als Berufsstand, dessen Dienste für Kneipen, Gaststuben und Privathäuser in der Stadt unverzichtbar waren, gründeten sie im 15. Jahrhundert eine Zunft (eine richtige Zunftverfassung folgte erst 1686). Die Weinzieher waren für den Transport von Weinfässern aus dem Hafen verantwortlich. Sie kümmerten sich auch um das Zapfen und Abfüllen von Wein und Spirituosen. Sobald der Alkohol mit dem Schiff ankam, halfen die Weinzieher den Zollbeamten beim Öffnen der Fässer und kontrollierten die Qualität sowie den Alkoholgehalt. Andere importierte Flüssigkeiten (z. B. Sirup und einige Ölsorten) waren ausschließlich der Weinzieherzunft vorbehalten. Zusätzlich waren sie teilweise als Brandbekämpfer und Ordnungshüter tätig.

Die Zahl der Weinzieher war auf 17 begrenzt – es durften nie mehr oder weniger sein – was der Ursprung des schwedischen Kraftausdrucks „För 17 Gubbar!" („17 Kerle noch einmal!") sein könnte. Weinzieher mussten stark sein und trugen beim Umgang mit den schweren Fässern (aus denen oft Nieten oder Holzsplitter ragten) zum Schutz eine schwere Lederschürze.

Als 1846 die Pflichtmitgliedschaft abgeschafft wurde, verschwanden die meisten Zünfte, doch die Weinzieher kämpften lange um ihre Existenz und Privilegien. Sie gerieten letztlich in Konflikt mit den Gewerkschaften, die sich im Hafen organisierten. Irgendwann schwand ihre Bedeutung und der letzte Weinzieher ging 1924 in Rente.

© Ek, Mattias

ANCKARSTRÖMS WAFFEN IN DER KÖNIGLICHEN RÜSTKAMMER

(11)

Verhexte Pistolen eines Königsmords

Rüstkammer im Königspalast
Slottsbacken 3
Öffnungszeiten: Dienstag bis Sonntag 11–17 Uhr, Donnerstag 11–20 Uhr, montags geschlossen
Erwachsene zahlen, außer an Donnerstagen, Eintritt.
Metro-Station: Gamla Stan

Die schwach beleuchteten Gewölbe der königlichen Rüstkammer beherbergen viele bemerkenswerte Objekte, darunter auch Gegenstände, die in Verbindung mit dem spektakulären Tod eines der berühmtesten Könige des Landes stehen: Gustav III. Die Kostümmaske und das von Kugeln durchbohrte, blutige Unterhemd, das er bei seiner Ermordung im März 1792 in der Königlichen Staatsoper trug. Daneben liegen die Pistolen und die Munition, die für die finstere Tat benutzt wurden.

Es gab mehrere Attentäter und Mitverschwörer, aber Hauptmann Jacob Johan Anckarström (1762–1792) war der Einzige, der für sein Mitwirken hingerichtet wurde. Gustav III. hatte sich mit einem Staatsstreich und Reformen, die die Macht des Königs ausweiteten, sowie gescheiterten Kriegen gegen die Nachbarländer, beim Adel und den Armeeoffizieren unbeliebt gemacht. Anckarström war ein Adliger und Offizier, der mit einem General und einigen anderen beschloss, dass der Königsmord die einzige Lösung für die vermeintliche Staatskrise sei.

Deshalb schossen einige von ihnen auf den König, der zwei Wochen später an einer Blutvergiftung starb. Am Tag nach dem Attentat wurde Anckarström festgenommen, da die beiden am Tatort gefundenen Pistolen die Ermittler zu ihm führten. Einen Monat nach dem Tod des Königs wurde Anckarström an drei aufeinanderfolgenden Tagen öffentlich ausgepeitscht und dann enthauptet. Waffen, mit denen ein König getötet wurde, sind für viele Menschen von einer besonderen Aura umgeben. Folglich wird erzählt, dass Anckarströms Pistolen in der Nacht in ihrer Vitrine wild herumtanzen und die Nachtwächter zu Tode erschrecken sollen. Dies ist angeblich mehrmals auf dem alten Gelände der königlichen Rüstkammer geschehen. Aber nach dem Umzug an den aktuellen Standort geben die Pistolen angeblich Ruhe.

Alchemistische Munition?

In seinem unterhaltsamen Roman *Alkemistens dotter* (*Die Tochter des Alchemisten*, 2014), stellt Alchemie-Experte Dr. C.M. Edenborg Anckarström als Mitglied eines Rebellenclans dar, der Gustav III. mit einer Mischung aus Blei und Eisen erschoss. Gemäß einem alchemistischen Verfahren können diese beiden Metalle „Gold töten" – das Gold ist in diesem Fall der König. Es stimmt, dass Anckarström einen familiären Hintergrund hatte, in dem Alchemie eine Rolle spielte. Sein Vater begeisterte sich sehr für diese Dinge und besaß ein modernes alchemistisches Labor, das auf dem elterlichen Gut ständig in Betrieb war.

EIN ALTES ÖFFENTLICHES URINAL

⑫

Die sexuellen Geheimnisse König Gustavs V.

Neben der Storkyrkan
Metro-Station: Gamla Stan

Das moderne öffentliche Urinal oder *Pissoar*, wie es im schwedischen Volksmund genannt wird, ist eine französische Erfindung, die erstmals 1830 auf den Pariser Boulevards auftauchte. Vorläufer davon gab es jedoch schon im Römischen Reich. Damit wollte man Männer davon abhalten, gegen Häuserwände, in Treppenaufgänge, Parks etc. zu urinieren. Die ersten französischen Versionen waren zylindrische Ein-Mann-Kabinen, die schließlich (in den 1870er-Jahren) in ihrem Ursprungsland durch eine Variante mit mehreren Kabinen ersetzt wurden. In den 1860er-Jahren verbreitete sich die Erfindung bis nach Berlin und gelangte in der Folge in nördlicher gelegene Städte wie Stockholm.

Das erste Mal wurde das Wort im Schwedischen scheinbar 1868 verwendet, das eher vulgäre Wort *pissa* („pissen") war allerdings zumindest schon Anfang 1541 in Gebrauch. Es scheint vom altfranzösischen *pissier* (modernes Französisch: *pisser*) zu stammen, fand seinen Einzug ins Schwedische aber möglicherweise über ähnliche Wörter etwa im Deutschen oder Niederländischen. Ein frühes Beispiel für seine Verwendung findet sich in der Akte eines Mannes, der wegen Urinierens in der Kirche zu Ostern exkommuniziert wurde. Das Urinieren in oder gegen Kirchen war auch ein paar hundert Jahre später verpönt, und in der Altstadt findet sich deshalb ein üppig verziertes Pissoir in strategischer Nähe der Storkyrkan, der ältesten Kirche in dieser Gegend. Damals war die ganze Stadt voll von ihnen. 1890 erbaut, ist es wahrscheinlich das einzige Modell aus dem 19. Jahrhundert, das heute noch erhalten ist.

Im späten 19. Jahrhundert lag der Hotspot für männliche Prostitution offenbar im heutigen noblen Östermalm, wo sich die meisten Kasernen befanden. Soldaten – sehr männlich in ihren Uniformen, sauber, körperlich fit und darüber hinaus entlaust – waren für wohlhabende, ältere schwule Männer auf Partnersuche sehr attraktiv. Die Soldaten waren oft weit weg von zu Hause, brauchten Geld und hatten manchmal auch emotionale Bedürfnisse, die bei Begegnungen, die sowohl Intimität als auch monetäre Transaktionen umfassten, befriedigt werden konnten. Urinale, z. B. jenes auf dem Nybroplan, waren bekannte Treffpunkte, weshalb sie von der Polizei genau beobachtet wurden.

Angesichts der nicht wenigen Soldaten, die den Königspalast bewachten, der nur wenige Schritte vom Altstadt-Urinal entfernt liegt, ist der Gedanke nicht völlig abwegig, dass dort Ähnliches passierte. Hartnäckigen Gerüchten zufolge war König Gustav V. (1858–1950) ein heimlicher Homosexueller. 1907 folgte er seinem Vater Oscar II. auf den Thron und einige fantasievolle Historiker, die sich mit der Kultur der Homosexualität befassen, legen nahe, dass Prinz Gustav erfreut war, dass die Urinale sich in der Nähe des Schlosses befanden und Gelegenheit zu anonymen homosexuellen Kontakten boten.

DER EISENJUNGE

⑬

Schwedens (vielleicht) kleinste Skulptur, die angeblich übernatürliche Kräfte hat und Wünsche erfüllt!

Bollhustäppan, bei der Finska Kyrkan, gegenüber dem Königspalast
Metro-Station: Gamla Stan

Der *Järnpojken* (*„der Eisenjunge"*) – auf dem Bollhustäppan, einem wenig bekannten, idyllischen Platz hinter der finnischen Kirche, direkt gegenüber dem Königspalast in der Altstadt – gilt als Schwedens kleinste Skulptur.

Das mag stimmen oder auch nicht.

Offiziell heißt sie *Pojke Som tittar på månen* (*„kleiner Junge, der zum Mond schaut"*), wurde von Liss Eriksson (1919–2000) gefertigt und 1967 eingeweiht. Sie stellt einen kleinen Jungen dar, der in den Himmel blickt.

In den späten 1980ern zog ihm jemand – vielleicht ein Bewohner der Altstadt – eine Wollmütze und einen passenden Schal über. Die Lokalzeitungen schrieben begeistert über diesen Vorläufer des „Urban Knitting"-Phänomens. Am Mittsommerabend bekam der Junge einen kleinen Blumenkranz, der traditionell in Schweden bei diesen Feiern getragen wird. Die kleine Statue mit dem Spitznamen Olle wurde bald Gegenstand eines seltsamen, spontanen Brauchs: Passanten begannen ihm kleine Münzen zu opfern und streichelten ihm dreimal über den Kopf, während sie einen Wunsch murmelten, den er angeblich erfüllen konnte. Geld von der kleinen Figur zu stehlen, brachte Unglück. Den Brauch, ihm Geschenke zu machen und sich etwas zu wünschen, gibt es bis heute.

Der Bollhustäppan ist, anders als fast alles in der Altstadt, selbst nicht sehr alt. In den 1960er-Jahren stand dort ein Haus. Als es abgerissen wurde, entstand dieser kleine versteckte Platz. Er wurde 2002 restauriert und auch besser beleuchtet. Davor war er ein Treffpunkt für eher zwielichtige Charaktere.

Liss Eriksson schuf viele Skulpturen, die jedoch eher monumentale Ausmaße haben (z. B. seine riesigen Granithände, *La Mano*, auf der Katarinavägen, in der Nähe von Slussen). Er fertigte oft Kirchendekor an, und vielleicht färbte etwas von dieser sakralen Atmosphäre auf seine Arbeit am kleinen Olle ab, was die Leute dazu bringt, zu glauben, die Figur hätte übernatürliche Kräfte und könne Wünsche erfüllen.

Der Ort des ersten Theaters mit Theaterstücken auf Schwedisch

Anfang des 18. Jahrhunderts stand am Bollhustäppan das erste Theater, das Stücke auf Schwedisch spielte (davor waren die meisten auf Französisch aufgeführt worden, der Sprache der kultivierten Elite).

92 BLUTBADSTEINE

14

Weiße Backsteine sollen an jene erinnern, die beim Stockholmer Blutbad 1520 hingerichtet wurden

Schantzska Huset, Stortorget 18
Metro-Station: Gamla Stan

Nach lokaler Überlieferung wird das sogenannte Schantz-Haus (das um 1650 errichtet wurde bzw. aus dem Umbau eines bestehenden Hauses entstand) auf dem Stortorget 18 mit dem Stockholmer Blutbad von 1520 in Verbindung gebracht (siehe folgende Doppelseite).

Mit Blick auf den Platz, auf dem die Hinrichtungen stattfanden, sollen die 92 dekorativen weißen Steine, die die Vorderseite des Gebäudes zieren, an die Opfer erinnern. Für die Steine verantwortlich war angeblich der Besitzer des Hauses, Johan Eberhard Schantz, der Sekretär von König Karl X.

Es heißt, dass die Geister der Toten in Frieden ruhen, solange die Steine an Ort und Stelle bleiben, vielleicht weil man ihrer auf diese Weise gedenkt. Sollten die Steine jedoch entfernt werden, würden die Geister zornig durch die Straßen spuken.

Tatsächlich scheint es kaum historische Grundlagen dafür zu geben, dass die Steine die Opfer des Blutbads repräsentieren. Und wenn man die Steine genau zählt, sind es 94 (man muss jedoch sagen, dass es unterschiedliche Meinungen darüber gibt, wie viele Menschen an diesem schicksalshaften Novembertag im Jahr 1520 gestorben sind).

Die Häuser auf dem Stortorget 18–20 wurden im 17. Jahrhundert zu diesem Gebäude zusammengefasst und es war Schantz, der daraufhin viele Details, wie das von liegenden römischen Soldaten flankierte Portal, ergänzte. Über dem Portal befindet sich auch eine Inschrift auf Deutsch aus dem Psalm 37,5: „Befiehl dem Herrn deinen Weg und vertraue auf ihn, er wird es vollbringen".

© Richard Mortel, via Wikimedia Commons

Das Stockholmer Blutbad von 1520

Als Staatstrauma mit dauerhaften Folgen veränderte das Stockholmer Blutbad von 1520 nicht nur den Lauf der Geschichte Schwedens, es wurde auch ein beliebtes Motiv in der Folklore und Populärliteratur. Am 9. und 10. November jenes Jahres wurden rund 92 Menschen (die Quellen sind sich uneinig) auf dem Stortorget (der große Platz) in der Altstadt erhängt oder enthauptet. Ähnlich wie bei der „Roten Hochzeit" in Game of Thrones, begann alles damit, dass der dänische König Christian II. den schwedischen Adel in den Königspalast in Stockholm einlud, um seine Krönung zum König von Dänemark und Schweden zu feiern. Schweden hatte durch den Einsatz der Sture-Familie die Unabhängigkeit von Dänemark erlangt, die Sture-Armee wurde jedoch im September 1520 von Christian II. besiegt. Danach begnadigte er in einer großzügigen Geste all seine ehemaligen Feinde unter den hochrangigen Familien. Als dies in einem offiziellen Dokument formalisiert worden war, erhielt er vom Bürgermeister die Schlüssel für Stockholm und zog im großen Stil in die Stadt ein. Einer seiner Verbündeten war der schwedische Erzbischof Gustavus Trolle (der damals von Christian II. wieder in das Amt eingesetzt wurde, das der Sture-Regent ihm aberkannt hatte). Der Erzbischof witterte eine Chance, die neue Situation dazu zu nutzen, sich an einigen seiner Feinde aus früheren Machtkämpfen zu rächen. Viele davon waren idealerweise auch Teil der Sture-Allianz. Es war also nicht schwer, Christian II. davon zu überzeugen, dass man sie loswerden müsse. So zündeten dänische Soldaten am Abend des 8. November Fackeln und Laternen an, drangen in den großen Saal des Königspalastes ein und nahmen jene Gäste fest, die auf einer von Trolle erstellten Liste standen. In den folgenden Tagen wurden diese dann hingerichtet (gemeinsam mit anderen Bürgern). Die Straßen der Altstadt waren Berichten zufolge buchstäblich rot vor Blut. Die Idee, ein Exempel an den Opfern dieses Massakers zu statuieren und damit Schweden besser unter Kontrolle zu haben, ging nach hinten los. Denn der Sohn eines Hingerichteten zettelte eine großangelegte Rebellion gegen die Dänen an und wurde später König Gustav Vasa von Schweden. Nie wieder sollte Schweden unter fremder Herrschaft stehen und die Beziehungen zu Dänemark blieben über Jahrhunderte frostig. König Christian II. ist in Schweden als Christian der Tyrann bekannt, während er in Dänemark angeblich – die Geschichtsschreibung ist hier sehr inakkurat – als Christian der Gute firmierte. Viele Geschichten ranken sich um die Geister der Opfer von König Christian. Sie spuken angeblich durch die Altstadt, und am 9. und 10. November soll sich das Kopfsteinpflaster rot färben.

© Michael Sittow, Public domain, via Wikimedia Commons

DIE KANONENKUGEL IN DER MAUER

(15)

Ein historisches Relikt als Nebenprodukt des fanatischen Interesses eines Königs an der Bühnenkunst

Ecke Stortorget und Skomakargatan – Metro-Station: Gamla Stan

Steht man an der Ecke Stortorget und Skomakargatan und blickt nach oben, erkennt man eine Kanonenkugel, die aus der Mauerecke ragt. Der Legende nach wurde sie im ersten Jahr der mit Unterbrechungen von 1521–1523 dauernden Belagerung abgefeuert, als Stockholm vom Joch des (nach Meinung vieler Schweden) ruchlosen dänischen Königs Christian des Tyrannen befreit wurde. Angeblich war sie für das gekrönte dänische Haupt bestimmt, verfehlte aber knapp sein Ziel und blieb dort stecken.

Die Geschichte von der „Kugel in der Mauer“, die 1521 dort gelandet war, ist zwar unterhaltsam, aber leider nicht wahr.

Sie wurde von dem reichen Möbelhändler Fredrik Christian Hans Grevesmuhl 1795 dort angebracht, als er das Haus errichten ließ. Er wollte mit dieser ungewöhnlichen Dekoration scheinbar auf den militärischen Sieg von Gustav Vasa (später König von Schweden) über König Christian hinweisen (eine Leistung, die auf Ausdauer und harten Verhandlungen basierte und weniger auf einer dramatischen, entscheidenden Schlacht vor den Toren der Stadt) und damit die schwedische Unabhängigkeit feiern. Sie ist also nicht völlig losgelöst von den Ereignissen von 1521, sagt aber mehr über den Stolz der Schweden auf diese wichtige Periode aus.

Diese Haltung wurde insbesondere von König Gustav III. (1746–1792), dem sogenannten „Theaterkönig“, gefördert. Gustav III. sah sich nicht nur mit Begeisterung verschiedene Bühnenstücke an, sondern hatte auch Spaß daran, sie selbst zu schreiben, Regie zu führen und in ihnen aufzutreten. Er begann seine Dramatikerkarriere im Kindesalter mit mehreren französischsprachigen Stücken. Zusammen mit Johan Henric Kellgren (1751–1795) schrieb er das Libretto für die 1786 entstandene Oper *Gustaf Wasa* von Johann Gottlieb Naumann (1741–1801; ironischerweise arbeitete Naumann, der Deutscher war, auch für den dänischen Hof und komponierte Opern in Dänemark). Einer der zentralen Teile der Handlung dieser Oper ist die Belagerung Stockholms. Die Oper wurde äußerst populär und wurde zwischen 1786 und 1886 177 Mal aufgeführt. Die Arie *Ädla Skuggor, Vördade Fäder* (*„edle Schatten, verehrte Väter“*) avancierte zu einer Art frühen Nationalhymne.

Wahrscheinlich war es diese Oper, die gegen Ende des 18. Jahrhunderts erneutes Interesse an der Belagerung als Quelle großen Nationalstolzes aufflammen ließ. In diesem Kontext also entstand 1795 die einfallsreiche Hausdekoration des Möbelhändlers.

DIE RUNENSTEINECKE

16

Ein Runenstein, der als Baustoff verwendet wird

Ecke Prästgatan und Kåkbrinken
Metro-Station: Gamla Stan

Runensteine galten nicht immer als wertvolle Relikte. Die Schweden des Mittelalters waren von der Arbeit ihrer heidnischen Vorfahren scheinbar unbeeindruckt und verwendeten Runensteine sogar als Baumaterial. Das beweist das Teilstück eines solchen Steins, der in die Außenmauer eines Hauses an der Ecke Prästgatan und Kåkbrinken eingearbeitet wurde.

Er ist einer von drei Runensteinen, die in der Altstadt gefunden wurden. Heute ist er der einzige, der an derselben Stelle erhalten blieb, an der er erstmals von modernen Gelehrten entdeckt worden war (die anderen zwei wurden aus der Altstadt entfernt – einer verschwand, einer befindet sich heute im Mittelaltermuseum).

Die Analyse des Steins hat ergeben, dass er um 1000 n. Chr. gemeißelt wurde, einige hundert Jahre vor der Gründung Stockholms. Die Datierung beruht unter anderem auf der Tatsache, dass Frögunn – auf dem Stein erwähnt – ein eindeutig heidnischer und kein christlicher Name ist.

Wo er ursprünglich stand, ist nicht bekannt. Wahrscheinlich wurde er von einem anderen, möglicherweise weit entfernten Ort hierhergeholt, um als Baumaterial zu dienen. Zu einer Zeit, als es noch kein antiquarisches Interesse an Runen gab und sie einfach als große, solide Steinbrocken attraktiv waren.

Der Text darauf lautet: „Torsten und Frögunn errichteten den Stein zum Gedenken an ihren Sohn". Nur wenige Stockholmer wären heute in der Lage die Inschrift zu lesen. Die wahrscheinlich kompetentesten Leser wären die wenigen Personen, die sich im Zuge akademischer Studien mit altnordischen Überlieferungen und Schriften beschäftigt haben, oder die sich überschneidende Gruppe von Fantasy-Fans, die die nahe gelegene Science Fiction-Bokhandeln besuchen (die Science-Fiction-Buchhandlung – seit Jahrzehnten Stockholms wichtigster Anbieter fantastischer Literatur).

Neben dem Runenstein befindet sich ein Kanonenrohr, mit dem die Mauerecke verstärkt wird. Es wurde wahrscheinlich im 17. Jahrhundert dort angebracht, als schwerere Wagen und Kutschen durch die engen und oft rutschigen Straßen der Altstadt fuhren und in der Folge viele Häuserecken beschädigt wurden. Man brachte daher verschiedene Formen schützender Stützelemente an. In welchem Kontext genau entsorgte Kanonenrohre für einfallsreiche Hausbesitzer verfügbar wurden, ist unklar. Damals mussten sich Bauherren wohl mit dem Material begnügen, das zur Verfügung stand.

EINE TELEFONZELLE DER ERSTEN STUNDE

(17)

Eine von nur drei verbliebenen Kabinen im Zentrum Stockholms

Neben der Storkyrkan
Metro-Station: Gamla Stan

Früher gab es in schwedischen Städten überall Telefonzellen. In den 1980er-Jahren waren es 44.000, aber schon 2010 waren nur noch 2700 übrig. Jene, die heute noch stehen, tun dies ausschließlich aufgrund ihres ästhetischen und historischen Werts. Folglich sind die Telefonzellen, die einst von eher älteren Schweden häufig verwendet wurden – die robusten Modelle aus den 1970er- und 80er-Jahren – verschwunden. Die schmucken Versionen aus der Zeit der Jahrhundertwende haben überlebt, und eine der schönsten befindet sich in der Altstadt. Sie ist eine von nur drei verbliebenen Kabinen im Zentrum Stockholms (die anderen beiden stehen am Kornhamnstorg und am Mosebacke Torg).

Der Grund für ihr Verschwinden war natürlich das Aufkommen der Mobiltelefone. Als man 2013 ankündigte, die verbliebenen Telefonzellen an Interessenten für lediglich 1500 bis 3000 schwedische Kronen verkaufen zu wollen, war es nur eine Frage von Stunden, bis alle den Besitzer gewechselt hatten. Vermutlich landeten die meisten als exzentrische Dekoration in Privathäusern und Gärten. 2015 wurden die letzten Telefonzellen abgetragen, mit Ausnahme der drei sehr dekorativen altmodischen Kabinen.

Die erste Telefonzelle in Schweden wurde in den 1890er-Jahren bzw. gemäß einiger Quellen 1901 in Stockholm installiert. Dieses Modell, das aussah wie jenes in der Altstadt, wurde „Pagode" genannt, aus Gründen, die aufgrund seiner Form offensichtlich sind. Sie wurde von dem Ingenieur Hjalmar Celion entworfen, der eine breite Palette an intelligenten und zweckmäßigen Funktionen integrierte. Um störenden Straßenlärm auszusperren, wurden die Wände aus einem schalldämmenden Material sowie Eiche gefertigt. Durch die satinierten Glasfenster konnte man leicht feststellen, ob die Kabine gerade von jemandem benutzt wurde. Das Gitter im unteren Bereich sollte den Anrufer vor Hunden (!) schützen, obwohl es ein Rätsel bleibt, ob aggressive Streuner in Schweden ein so großes Problem darstellten, das diese Maßnahme notwendig machte. Ebenso unklar ist, wie das Gitter Schutz bieten sollte, da die Vorderseite der Zelle offen war.

Um die Jahrhundertwende begann man Münzen anstelle spezieller Wertmarken zu verwenden. Dass die Menschen versuchten, die Münzen zu stehlen, blieb ein Problem, bis, gegen Ende der Telefonzellen-Ära, die Telefonkarte eingeführt wurde. Solche Karten, die es in allen möglichen fantasievollen Designs gab, waren eine Zeit lang Sammlerstücke, haben aber, wie es scheint, paradoxerweise an Popularität verloren, nachdem sie nicht mehr produziert wurden.

DAS HUSET KRONAN

(18)

Eine Erinnerung an den Tag, an dem die Dinge fast schief gelaufen wären

Storkyrkobrinken 3
Metro-Station: Gamla Stan

Über dem Tor am Storkyrkobrinken 3 schmückt eine große vergoldete Königskrone die Fassade. Eine Legende, die seit über 100 Jahren schriftlich dokumentiert ist (aber möglicherweise deutlich älter ist), erinnert an ein schicksalhaftes Ereignis am Krönungstag von König Karl XII. (1682–1718).

König Karl XII., ein bekanntermaßen willensstarker und selbstbewusster junger Mann, ging in die Geschichte ein, weil er sich als einziger schwedischer Monarch während der Krönungszeremonie in der Storkyrkan selbst die Krone aufsetzte, nachdem er sie dem Erzbischof, dessen Aufgabe dies eigentlich war, aus den Händen genommen hatte. Auf dem Rückweg rutschte ihm die Krone vom Kopf. Wäre sie auf dem Boden gelandet, wäre das in der Tat ein böses Omen gewesen.

Natürlich nahm es mit dem König kein gutes Ende. Man schoss ihm während der Belagerung von Fredriksten in den Kopf. Davor erzielte er eine Reihe beeindruckender militärischer Siege, war der erste König, der es Muslimen erlaubte, religiöse Riten in Schweden auszuüben und spielte möglicherweise eine Schlüsselrolle beim Import der türkischen Esskultur.

Glücklicherweise wurde die Krone, die ihm vom Kopf fiel, von Graf Johan Gabriel Stenbock aufgefangen (einer seiner Verwandten war im 19. Jahrhundert Autor von Schauerliteratur, der seltsame Geschichten über Vampire und Werwölfe schrieb und ein Freund von Oscar Wilde war). Dieser Vorfall soll sich vor dem Haus am Storkyrkobrinken 3 ereignet haben, weshalb der Hauseigentümer, zur Erinnerung an den Tag, an dem die Dinge fast schief gelaufen wären, angeblich eine Krone aus vergoldetem Blech in Auftrag gab.

Doch die wahre Erklärung ist aller Wahrscheinlichkeit nach prosaischer. Im 19. Jahrhundert wurden die Apotheken Stockholms typischerweise nach Tieren benannt (siehe S. 136 über die Eulenapotheke) und brachten über der Tür Skulpturen ihrer Namensgeber an. Einige wählten auch andere Namen und somit andere Skulpturen. Dies ist ein wahrscheinlicher Ursprung der Krone über der Tür.

Frühere Theorien deuten darauf hin, dass es das Firmenzeichen für einen Goldschmied oder ein Symbol für das königliche Postamt war, das das Gebäude einige Zeit nutzte. Ab 1756 scheint es für mehrere Jahre der Standort eines der frühen Stockholmer Kaffeehäuser gewesen zu sein. Doch die Krone hat wahrscheinlich nichts damit zu tun.

DAS FLACHRELIEF MIT DER VERSTEINERTEN KATZE

(19)

Die schillernde Legende von der menschenmordenden, sprechenden Katze und dem armen Seemann

Västerlånggatan 24 – Metro-Station: Gamla Stan

Laut Volksmund ist die steinerne Tierfigur über dem Tor auf der Västerlånggatan 24 eine versteinerte Katze. Doch das stimmt nicht ganz, da Wissenschaftler bewiesen haben, dass es sich nicht um eine Katze, sondern um einen Marder handelt, was darauf hindeutet, dass ein Kaufmann, der mit Tierhäuten handelte, hier sein Geschäft besaß.

Wie so oft, ist die Legende interessanter als die wahre Geschichte. In der bekanntesten Version, die von 1882 stammt, wurde ein Seemann während eines Sturms von einer Wassernymphe gerettet. Er musste ihr versprechen, dass er im Gegenzug sofort nach seiner Ankunft in Stockholm zur Västerlånggatan 24 gehen würde, um einen Brief an jemanden namens Måns zu übergeben. Der Seemann zögerte die Übermittlung hinaus, und als er dort ankam, entpuppte sich die einzige Kreatur mit diesem Namen als die Hauskatze. Zu seiner Überraschung sprach die Katze mit menschlicher Stimme zu ihm und wurde beim Lesen des Briefes wütend über die verspätete Übergabe. Die zornige Katze tötete den Seemann mit ihren winzigen Krallen, sprang dann aus dem Fenster, hielt aber auf dem Vorsprung über der Tür inne und verwandelte sich in Stein. Den Brief, den die Katze zurückließ, konnte niemand lesen, da er in einer seltsamen, unverständlichen Sprache geschrieben war.

Die Erzählung ist eine von vielen in einem dicken, 600-seitigen Buch: *Gamla Stockholm: Anteckningar ur tryckta och otryckta källor* („*Das alte Stockholm: Notizen aus publizierten und unveröffentlichten Quellen*"). Es wurde von dem jungen, radikalen Autor August Strindberg (1849–1912) und einem älteren Publizisten, Claës Lundin (1825–1908), zusammengestellt. Letzterer schrieb auch den ersten schwedischen Science-Fiction-Roman *Oxygen und Aromasia* (1878), der im Stockholm des Jahres 2378 spielt. Strindberg und Lundin kamen nicht gut miteinander aus. Unter anderem, weil der jüngere Mann das Gefühl hatte, dass sein Kollege zu langsam und akribisch sei. Es gibt guten Grund anzunehmen, dass das Paar viele der populären, volkstümlichen Erzählungen des Buches ausschmückte, Leerstellen füllte, zusätzliche Details einfügte und so weiter. Die Geschichte der Katze ist daher womöglich zum Teil eine literarische Erfindung der beiden. War sie also in dieser Form nicht in der lokalen Folklore verankert, dann war sie es auf jeden Fall nach der Veröffentlichung des Buches.

DIE GÅSGRÄND

⑳

Die niedrigste Straße Stockholms

Metro-Station: Gamla Stan

Es gibt einige Geistergeschichten rund um einen Keller auf der Gåsgränd, einer malerischen Gasse, die in einem kurzen, niedrigen Tunnel endet (mit 1,88 Metern ist er der niedrigste Straßenteil in Stockholm).

Der Name bedeutet Gänsegasse und leitet sich von einer Frau namens Ragnhild Grågås ab (ein Familienname, der „Graugans" bedeutet). Sie starb um 1510 und wurde angeblich angeklagt, aber freigesprochen, Sex mit demselben Mann gehabt zu haben, mit dem ihre Tochter liiert war. Dies galt als schweres Verbrechen und zog die Todesstrafe nach sich. Ragnhild lebte in diesem Häuserblock, möglicherweise auf der Gåsgränd selbst. Es ist unklar, warum sie nach ihr benannt wurde.

Ein gespenstischer Keller

Hinter dem Tunnelabschnitt der Gasse ist ein kleiner Platz, wo Ende der 1770er-Jahre gerne Kutschen wendeten. Hier befindet sich das Restaurant Gåsgränd 4 mit mittelalterlichen Gewölbekellern (das Haus auf Straßenhöhe wurde erst 1837 erbaut). In diesen Gewölben sollen unerklärliche Dinge passiert sein. Ein Zimmermann behauptete bei Renovierungsarbeiten vor ein paar Jahren, dass sein Werkzeug immer wieder verschwinden würde. Und als er nur zehn Sekunden lang einen Raum verlassen hatte, entdeckte er bei seiner Rückkehr, dass die Holzdielen hochgehoben waren und eine über der anderen balancierte. Er war allein im Keller, und die Tür über der Treppe war verschlossen. Laut dem Zimmermann sei der Ort auch unnatürlich kalt gewesen, und er hätte das Gefühl gehabt, beobachtet zu werden. Eine Kellnerin im Restaurant erzählte von einem beunruhigenden Ereignis, als sie eines Abends aufräumte: Eine unsichtbare Hand hätte an ihrer Hose gezogen. Dies sei später erneut geschehen, als sie aus den Gewölben nach oben stieg und auf der gefährlich steilen Treppe fast hinfiel.

Während der Öffnungszeiten des Restaurants (Sonntag bis Donnerstag 12–22 Uhr, Freitag bis Samstag 12–23 Uhr) kann man den Keller besichtigen, auch wenn die paranormalen Phänomene nur dann passieren, wenn jemand allein dort ist.

Diese beiden recht neuen Vorfälle findet man auf dem Blog des Journalisten und Autors Petter Inedahl. Der Keller könnte aus der Zeit von Ragnhild Grågås stammen, und tatsächlich kommt sie in einigen historisch spezifischeren Geschichten vor, wo sie angeblich Essenbestellungen von Gästen entgegennimmt, die nicht merken würden, dass sie ein Geist sei. Fragen diese dann nach ihrer Bestellung, sagt man ihnen, dass keine Bestellung erfolgt sei.

DIE HÖLLENGASSE

21

Die dunkelste aller Sackgassen

Nördlichster Teil der Prästgatan
Metro-Station: Gamla Stan

Der kurze Abschnitt der Prästgatan („Priesterstraße"), der nördlich des Tyska Brinken verläuft und in einer Sackgasse endet, hatte einst einen unheilvolleren Namen: Helvetesgränd („Höllengasse").

Er dürfte unter diesem Namen von mindestens 1529 (obwohl bereits 1451 ein Grundstück in der „Hölle" erwähnt wird) bis 1885 bekannt gewesen sein. Man kann verstehen, warum der Name 1885 geändert wurde, aber woher kam er?

Dies war eine über viele Jahre wissenschaftlich sehr umstrittene Frage. Eine einst sehr populäre Theorie besagte, dass sich der Name vom französischen Philosophen Claude Adrien Helvétius (1715–1771) ableiten würde. Aber der Name ist, wie gesagt, lange vor der Geburt dieses Herrn dokumentiert.

Eine wahrscheinlichere Interpretation geht von der Tatsache aus, dass *Helvetet* („Hölle") im mittelalterlichen Schweden nicht ungewöhnlich als Name für Bauernhöfe, Straßen oder Stadtteile nördlich der örtlichen Kirche war. Dies spiegelt die Vorstellung wider, dass die Hölle im hohen Norden liegen würde, und weist nicht unbedingt darauf hin, dass die betreffenden Orte besonders höllisch waren oder irgendwie mit dunklen Mächten in Zusammenhang standen. Für heutige Ohren klingt es nicht besonders angenehm, wurde aber von den Schweden im Mittelalter vielleicht neutraler bewertet. Möglicherweise bezeichnete es für sie einfach etwas, das „im Norden" lag.

Eine dritte Interpretation verbindet den Namen mit einer Tradition, die besagt, dass die Helvetesgränd dort lag, wo die Henker und Folterer Stockholms lebten (in von der Stadt bereitgestellten Unterkünften). Eine zentrale Lage hätte die Bürger abgeschreckt, die dem Henker täglich begegnet wären. Er war eine gefürchtete Figur und hatte meist einen kriminellen Hintergrund. Henker zu werden, konnte sogar als Strafe für Verbrechen verhängt oder als Alternative für einen zum Tode Verurteilten angeboten werden. Der Person wurden dann beide Ohren abgeschnitten und sie wurde mit dem Siegel der Stadt gebrandmarkt. Dies hinderte den Henker daran, seinen grausamen Aufgaben und der damit verbundenen sozialen Ausgrenzung zu entgehen. Henker waren im Allgemeinen verhasst. Noch viel mehr auf dem europäischen Kontinent, wo sie – im Vergleich zu ihren Kollegen in Schweden – häufiger Gefangene foltern und mit besonders sadistischen Methoden die Todesstrafe ausüben mussten. Vielleicht ist dies der Grund, warum Stockholmer Henker mehrfach von ausländischen Besuchern angegriffen wurden. Einer von ihnen wurde von deutschen Seeleuten so heftig gesteinigt, dass er nicht mehr arbeiten konnte.

Man erzählt sich, dass der Geist von mindestens einem Henker immer noch in dieser Gasse spukt.

DAS DURCHGESTRICHENE FAMILIENWAPPEN DER PLOMMENFELTS

Zur Erinnerung an einen Freimaurer und Totenbeschwörer

Im Haus des Adels – Riddarhustorget 10
Montag bis Freitag 11–12 Uhr – Es wird eine Eintrittsgebühr verlangt

22

Im Haus des Adels (*Riddarhuset*, wörtlich: „das Ritterhaus“) kommen schwedische Adlige bei verschiedenen gesellschaftlichen Veranstaltungen zusammen, zudem beherbergt es auch Archive über diese Gesellschaftsschicht. Während der Woche ist es täglich eine Stunde lang für Besucher geöffnet. Highlight ist der Rittersaal, der ursprünglich (1668–1865) für die Adelssitzungen genutzt wurde, als das schwedische Parlament (Riksdag) noch aus den vier Ständen bestand: Adel, Klerus, Bürger und Bauernschaft. Alle drei Jahre findet dort immer noch eine Adelssitzung statt, und jede Adelsfamilie kann einen männlichen Vertreter zur Teilnahme entsenden (die Gleichstellung der Geschlechter ist in dieser Institution noch nicht angekommen). Die Mauern des Rittersaals sind mit den Wappen von rund 2330 Adelsfamilien bedeckt, von denen nur noch etwa 700 existieren (d. h. lebende Nachkommen haben, die den Namen noch tragen).

Interessanterweise ist ein Wappen direkt rechts vom Eingang mit schwarzen Linien durchgestrichen. Es gehört der Familie Plommenfelt, die von der Liste des schwedischen Adels entfernt wurde (siehe folgende Doppelseite).

Carl Anders Plommenfelt

Scherenschnitt

© Per Krafft the Elder, Public domain, via Wikimedia Commons

Der Kratzer mit dem Diamantring

Ein prominenter Freimaurer und guter Freund von Herzog Karl (später König Karl XIII.), dem jüngeren Bruder von König Gustav III., war Carl Anders von Plommenfelt (1750 – ca. 1785), jenes Mitglied der Familie Plommenfelt, das 1782 für die Streichung aus der Liste des schwedischen Adels verantwortlich war.

Seine Freimaurerbrüder munkelten, dass Plommenfelt seinen Feinden Krankheit und Unglück an den Hals wünschen könne. Er war auch eine treibende Kraft hinter den Versuchen mit Geistern zu kommunizieren, an denen Herzog Karl beteiligt war. Selbst der König nahm an solchen Totenbeschwörungen mit Plommenfelt teil, und bei einem dokumentierten Fall – der Zauberbücher, mit Kohle gezeichnete Kreise, Spiegel und die rituelle Verwendung von Blut umfasste – kommunizierten angeblich Geister über Klopfgeräusche an den Wänden mit den Magiern. Er war jedoch nicht nur Mystiker, sondern auch ein Mann mit vielen Charakterschwächen, der seine Position als Zeremonienmeister im Königspalast verlor, nachdem er sich in einem Gerichtsverfahren schlecht benommen hatte.

So ertränkte er am 17. März 1782 seine Sorgen im Gasthof Clas på Hörnet (noch in Betrieb auf der Surbrunnsgatan 20) und beklagte (ziemlich laut) sein Unglück. Eines der Fenster war mit einem Porträt von Gustav III. geschmückt, unter dem (auf Französisch, der von den oberen Schichten der Gesellschaft zu dieser Zeit bevorzugten Sprache) „Der oberste Bürger" geschrieben stand. Der verbitterte und betrunkene Plommenfelt sah dies und benutzte seinen Diamantring, um einen Nachtrag auf das Fenster zu kratzen: „Das war er einmal, aber jetzt ist er der oberste Narr." Später am Tag fiel einem gewissen Major Lindestam das unverschämte Gekritzel auf. Er befragte das Personal, fand heraus, wer die Majestätsbeleidigung verfasst hatte, und machte sich auf, um ihn bei der Polizei zu melden. Der Wirt ließ das Fenster entfernen.

Am Tag darauf informierte der Wirt zwei von Plommenfelts Freimaurerbrüdern – Adolf Fredrik Munck und Baron Gustaf Adolf Reuterholm – über den Vorfall, worauf sie das Fenster mitnahmen, um ihren Bruder zu schützen. Als sie erfuhren, dass Major Lindestam das Verbrechen bereits gemeldet hatte, erkannten sie, dass ihr Vertuschungsversuch nach hinten losgehen könnte, und übergaben das Fenster dem König. Plommenfelt, der des Landes geflohen war, wurde in seiner Abwesenheit zum Tode durch Enthauptung verurteilt und setzte nie wieder einen Fuß auf schwedischem Boden. Plommenfelts vermeintliche esoterische Kräfte nützten ihm damals nichts, und er starb bettelarm, wahrscheinlich in Amerika.

DIE RUTSCHEN DES ALTEN REICHSARCHIVS

23

Die feuerfeste Architektur einer schlafenden Schönheit

Gamla Riksarkivet
Arkivgatan 3, Riddarholmen
Zu besichtigen während Veranstaltungen (z. B. zu Yuletide, traditionelles Weihnachtsessen zu Mittag oder abends) oder wenn man sehr charmant fragt
Metro-Station: Gamla Stan

Während des Zweiten Weltkriegs wurde befürchtet, dass Stockholm von den Deutschen überfallen oder bombardiert werden könnte. Als Sicherheitsmaßnahme wurden deshalb Hals über Kopf spezielle Spiralrutschen in das Gebäude des Reichsarchivs eingebaut. Mit dieser schönen Vorrichtung konnten die gebundenen Bücher und Dokumentenbündel im Bedarfsfall rasch aus der Gefahrenzone gebracht werden. Man brauchte sie zum Glück nie. Doch die Rutschen sehen immer noch schön aus, eine Art Skulptur mit faszinierender Hintergrundgeschichte.

Das alte Reichsarchiv (Gamla Riksarkivet) ist seit fast 50 Jahren quasi eine schlafende architektonische Schönheit und eines der wenigen Archive in Europa, dessen Innenräume aus der Zeit, als es derartige Institutionen gab, erhalten geblieben sind. 1968 zog das Reichsarchiv in ein neues, eher unattraktives Gebäude um. So blieben die alten Räumlichkeiten in einer Dauerwarteschleife.

Das alte Archiv wurde zwischen 1887 und 1890 erbaut und mit einem angrenzenden Gebäude, dem Schloss Stenbock, verbunden, in dem das Archiv zuvor eingerichtet gewesen war.

Um die offensichtlich brennbaren Dokumentensammlungen zu schützen, wurde das Archiv mit einem gusseisernen Rahmen versehen und so wenig Holzelemente wie möglich eingesetzt. Sogar die Bücherregale waren aus Eisen und viele der Türen wurden aus dem gleichen Metall geschnitten, das man für Dampferschlote verwendete.

Obwohl fast alles aus Metall und Stein besteht, wirkt das Haus trotz der schweren Materialien innen überraschend grazil und leicht. Die Furcht vor Feuer führte außerdem dazu, dass das Haus nicht mit Strom versorgt wurde (damals wie heute ein nicht ungewöhnlicher Auslöser für Hausbrände), die Verwendung von Kerzen kam natürlich auch nicht in Frage. Für Licht sorgten daher übergroße Fenster, an denen das Personal seine Arbeit erledigen musste.

Dampfzüge, die in der Nähe des Hauses vorbeifuhren, durchkreuzten diesen Plan jedoch, da die Fenster dadurch ständig mit Ruß bedeckt waren. Noch problematischer wurde es, als man den Arbeitstag der Angestellten auf sechs Stunden ausweitete. Denn in der Dunkelheit der nordischen Winter war es schwierig, den ganzen Tag über zu arbeiten. Zu diesem Zeitpunkt bekam das Haus elektrischen Strom. Dies führte auch dazu, dass dort Schwedens erster elektrischer Aufzug eingebaut wurde.

Heute befindet sich das Gebäude in den Händen von Stureplansgruppen, die es für Konferenzen, Konzerte und andere Dinge vermieten. Wenn das Personal vor Ort gut gelaunt ist, dürfen Sie sich kurz umsehen.

DER MEDUSA-KOPF IN DER RIDDARHOLMSKYRKAN

24

Warum befindet sich ein Medusakopf in einer Kirche?

Riddarhustorget, Riddarholmen
Täglich Mitte Mai bis Mitte September 10–17 Uhr
Samstag und Sonntag Mitte September bis Mitte November 10–16 Uhr
Es wird eine Eintrittsgebühr verlangt.
Metro-Station: Gamla Stan

In der Riddarholmskyrkan (die „Ritterkirche") wird man in einer Nische nahe dem Eingang von einem grotesk schönen Medusa-Kopf mit sich windenden Schlangen begrüßt. Es handelt sich um einen modernen Abguss einer Fassadendekoration der Kirche aus dem 17. Jahrhundert, der durch seine Beleuchtung noch alptraumhafter wirkt. Warum die Kirche mit einem Medusa-Kopf verziert wurde, ist unklar.

Die Nische selbst war im 16. Jahrhundert eine Tür, wurde 1634 zu einem Fenster und 1651 zugemauert, als man auf der anderen Seite der Mauer eine neue Grabkammer errichtete.

Weiter innen, auf der rechten Seite, ist ein Schädelabguss von König Karl Knutsson (ca. 1408/09–1470) zu sehen, der bei der Öffnung seines Grabes im Jahre 1916 angefertigt wurde. Solch düstere Details tragen zur gruseligen Atmosphäre bei, die durch die Geistergeschichten rund um die Kirche verstärkt wird (siehe unten).

Ein Mord in einer Kirche

1382 verstieß Bo Jonsson Grip (ca. 1330–1386), schwedischer Reichsrat, gegen das strenge Gewaltverbot in Kirchen. In der Riddarholmskyrkan, damals noch Kirche der Grauen Brüder (Klosterkirche der Franziskaner in Stockholm), griff er seinen Verwandten Carl Nilsson Färla mit seinem Schwert an. Dieser hatte eine Affäre mit Grips Frau gehabt und zahlte den Preis, als er dem Schwert des wütenden Ehemannes zum Opfer fiel. In seiner Wut soll Grip Färlas Leiche vor dem Altar in Stücke gehackt haben. Die zerstückelte Leiche wurde dann in der Kirche begraben. Man erzählt, dass der Stein, der das Grab bedeckte, in die Anzahl der Stücke zerbrach, in die der Leichnam zerteilt worden war (leider ist der Stein nicht mehr vorhanden).

Gespenstische Klopfgeräusche von Oberst Gustavsson, dem Sohn König Gustavs III.?

Gustav IV. Adolf, Sohn von König Gustav III., war ein unbeliebter Monarch. Nachdem man ihn für den Verlust der schwedischen Provinzen in Finnland an Russland verantwortlich gemacht hatte, wurde er Anfang 1809 durch einen Staatsstreich abgesetzt. Den Rest seines Lebens verbrachte er unter dem Namen Oberst Gustavsson („Sohn Gustavs") mit Reisen durch Europa. Seit 1634 dient die Riddarholmskyrkan als Grabstätte der schwedischen Könige. Als Gustav IV. Adolf am 7. Februar 1837 in der Schweiz starb, wurde sein Leichnam nicht sofort in die schwedische Kirche zurückgebracht (sondern erst 47 Jahre später dort beigesetzt).

Eine gespenstische Geschichte besagt, dass der Wächter in der Riddarholmskyrkan am Tag nach seinem Tod um Mitternacht ein festes dreifaches Klopfen am Tor des Gebäudes gehört haben soll. Doch niemand stand vor der Tür, als diese geöffnet wurde. Angeblich war es der unglückliche Geist von Oberst Gustavsson, der Einlass zum Ort seiner angestammten Grabstätte verlangte.

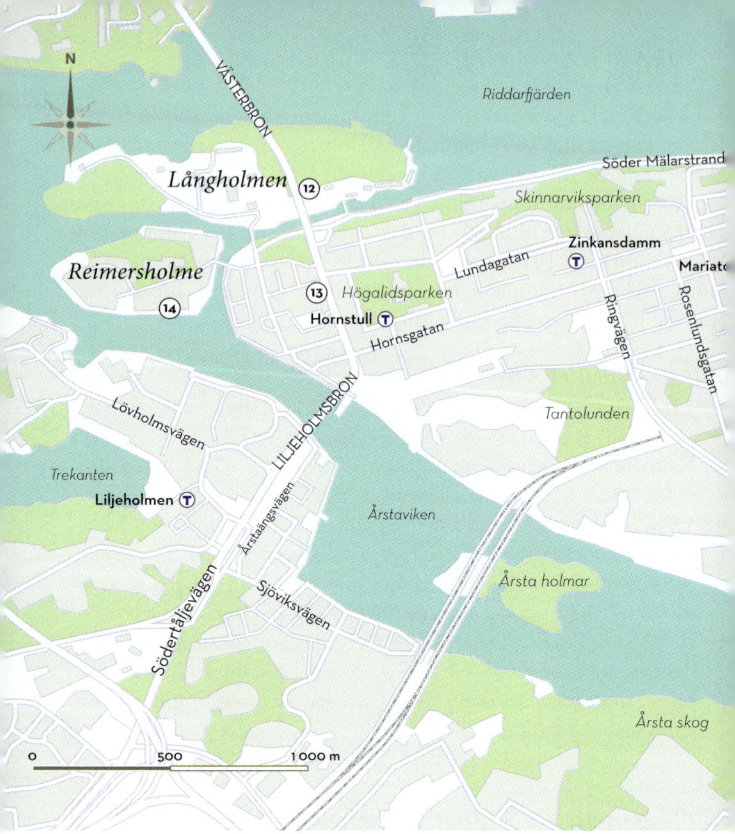
N
VÄSTERBRON
Riddarfjärden
Söder Mälarstrand
Långholmen
12
Skinnarviksparken
Zinkansdamm
Lundagatan
Reimersholme
13
Högalidsparken
14
Hornstull
Hornsgatan
Ringvägen
Rosenlundsgatan
LILJEHOLMSBRON
Lövholmsvägen
Tantolunden
Trekanten
Liljeholmen
Årstaviken
Årstaängsvägen
Södertäljevägen
Sjöviksvägen
Årsta holmar
Årsta skog
0
500
1 000 m

Södermalm

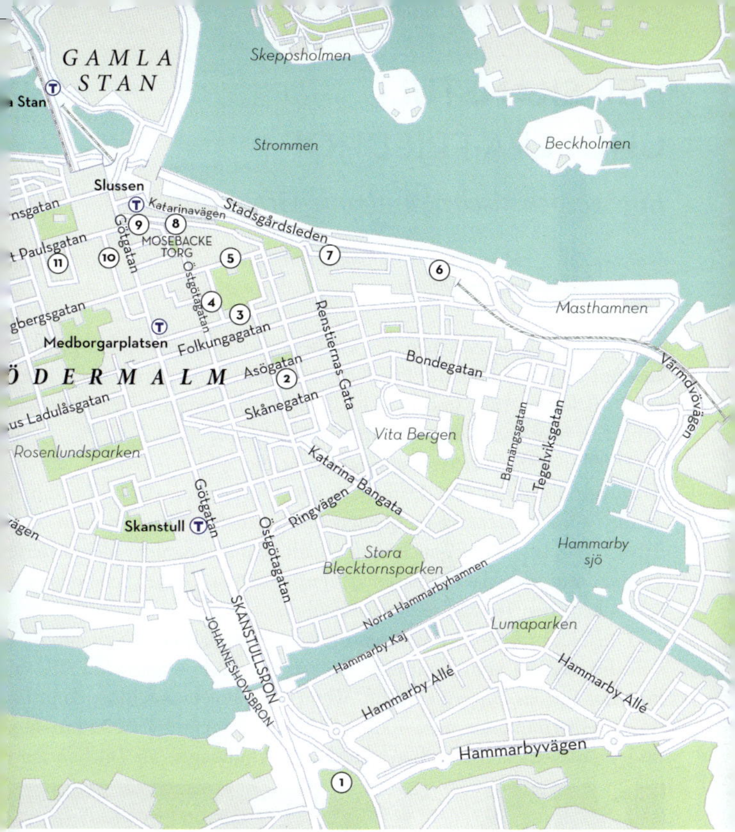
GAMLA STAN
Skeppsholmen
Stan
Strommen
Beckholmen
Slussen
Katarinavägen
Stadsgårdsleden
nsgatan
Götgatan
MOSEBACKE TORG
Paulsgatan
Östgötagatan
Masthamnen
gbergsgatan
Medborgarplatsen
Folkungagatan
Renstiernas Gata
Bondegatan
Värmdövägen
ÖDERMALM
Asögatan
Skånegatan
us Ladulåsgatan
Vita Bergen
Barnängsgatan
Tegelviksgatan
Rosenlundsparken
Katarina Bangata
Ringvägen
Götgatan
vägen
Skanstull
Östgötagatan
Hammarby sjö
Stora Blecktornsparken
Norra Hammarbyhamnen
Lumaparken
Hammarby Kaj
SKANSTULLSBRON
JOHANNESHOVSBRON
Hammarby Allé
Hammarby Allé
Hammarbyvägen
1
2
3
4
5
6
7
8
9
10
11

DER SKANSTULL CHOLERA-FRIEDHOF

1

Eine gespenstische Pandemie-Grabstätte

Skansbacken 6 – Metro-Station: Gullmarsplan
Rund um die Uhr zu besichtigen

Ein Spaziergang zwischen den Gräbern von Pandemieopfern gefällig? Auf dem Stockholmer Friedhof Skanstull für die Opfer der Choleraausbrüche von 1834 und 1853 ist es schöner als gedacht. Der störendste Aspekt ist heute wohl die angrenzende Autobahn.

1809 eröffnet, war er ursprünglich für die Soldaten gedacht, die im Krieg mit Russland und Dänemark gestorben waren (viele von ihnen wurden Opfer diverser Krankheiten und nicht feindlicher Kugeln oder Säbel). Man begrub hier auch in der Stadt gefundene, nicht identifizierte Leichen und jene, die in Polizeihaft starben. Diese Gräber befanden sich im südöstlichen Teil des heutigen Friedhofs.

Die lokalen Behörden wussten in den 1830er-Jahren nur zu gut, dass sich die Cholera vom Kontinent her näherte und „reservierten" diesen Friedhof für das Unvermeidliche. Wenn die Cholera zuschlug, dann tat sie das erbarmungslos. Fast 4000 Menschen starben, etwa 120 pro Tag, und Pferdekutschen schafften jede Nacht Unmengen an Leichen zum

Friedhof. In jedes der tiefen Gräber legte man 16 Särge. 1853 kam es zu einem zweiten Choleraausbruch, der diesmal fast 3000 Menschen das Leben kostete und die Leichenwagen erneut hin und her pendeln ließ. Die Cholera kehrte bis 1894 fast jährlich zurück, wenn auch nie wieder so massiv. In den 1850er-Jahren vermutete man einen Zusammenhang mit mangelnder Hygiene, weshalb die Stadt 1859 die Verantwortung für die Entleerung der Stockholmer Latrinen übernahm.

Der Bau einer kommunalen Wasseraufbereitungsanlage 1861 ließ die Zahl der Toten bei den folgenden Ausbrüchen drastisch sinken. 1884 wurde die Bedeutung mangelnder Hygiene bei der Verbreitung von Cholera wissenschaftlich belegt, ein Jahrzehnt später war die Krankheit in Stockholm praktisch inexistent. Der Cholerafriedhof blieb bis 1901 in Betrieb.

Zu den berührendsten Grabsteinen gehört die dezente Markierung mit der einfachen Gravur „Elin", ohne Daten oder andere Informationen. Es gibt auch viele Kindergräber für „Den kleinen Carl", „Den kleinen David" usw. Auf den Gräbern der Erwachsenen wird oft der Beruf der Verstorbenen angegeben, z. B. „der Fischhändler W. Lundgren".

Das rote Totengräber-Häuschen aus dem Jahr 1832, das seinen originalen Grundriss bewahrt hat, bietet einen interessanten Einblick in die Lebensumstände dieser Zeit. Die Witwe Anna Hedvig Nessen übte diesen düsteren Beruf die ersten 15 Jahre aus, bevor ihre beiden Kinder ihr nachfolgten.

DAS JULIUS HUS

2

Das Reich eines einstigen Brotkönigs

Bondegatan 21A
Informationen zu Veranstaltungen finden Sie auf der Website: juliushus.se
Der Innenhof ist während der normalen Geschäftszeiten geöffnet.
Metro-Station: Medborgarplatsen

Im Innenhof des Ortes, an dem ein kleines Bäckerei-Imperium seinen Anfang nahm, bleibt Stockholms unternehmerische Geschichte äußerst lebendig, und man kann die Atmosphäre des alten Stockholms geradezu spüren. Den Eingang zum Innenhof zieren interessante kleine Schaufenster mit alten Brotbanderolen und Werbeplakaten sowie informativen Filmen über die Geschichte der Gründerfamilie, die auf einem Bildschirm am hinteren Ende des Durchgangs gezeigt werden. An der Treppe auf der rechten Seite befindet sich ein altes Schild mit der Aufschrift „Kontor" („Büro") und einem goldenen Pfeil, der nach oben zeigt.

Gründer Julius Westerdahl (1846–1926) war Feldbäcker im Russisch-Türkischen Krieg von 1877 bis 1878 und übernahm nach seiner Rückkehr nach Stockholm eine kleine Bäckerei an der Ecke Åsögatan und Södermannagatan. Während des Krieges lernte er, Knäckebrot auf russische Art zu backen, mit Hilfe der sogenannten Kaltgärung (*Kalljäsning*), bei der der Teig bei Schneefall einfach draußen blieb. Darauf basierte seine Innovation, das *Delikatessbröd* („Delikatessbrot"), ein extra dünnes Knäckebrot, für dessen Gärung er Eis verwendete. Dieses neue Brot wurde ein Verkaufsschlager, und Westerdahl gewann dafür mehrere Preise.

Zuerst lieferte er das Brot selbst mit einer Schubkarre aus. 1884 wurde er offizieller Lieferant des Königshofs und baute eine größere, modernere Bäckerei sowie ein repräsentatives Haus für sich und seine Familie. 1904 errichtete er weitere Gebäude, 1924 kamen noch Ställe dazu.

Julius Westerdahls Sohn sollte die florierende Bäckerei später leiten. Er eröffnete mehrere Geschäfte und stieg in die Herstellung chirurgischer Instrumente und Hygieneprodukte ein. 1941 kaufte die Brotfirma Wasa die Bäckerei sowie die Rechte am Delikatessbröd, das in den meisten Lebensmittelgeschäften noch erhältlich ist.

Alle Gebäude, die Julius Westerdahl auf der Bondegatan errichtet hat, sind erhalten und dienen heute hauptsächlich als Büros für verschiedene Unternehmen der Kreativbranche.

Mieten Sie die historischen Wohnräume von Westerdahl

Die Familie Westerdahl lebte fünf Generationen lang in dem Gebäude. Julius Urenkelin ließ die opulenten Wohnräume renovieren, die für Konferenzen und Veranstaltungen gemietet werden können (und regelmäßig für öffentliche Veranstaltungen wie Kammermusikkonzerte oder Teesalons geöffnet sind). Sie umfassen einen Speisesaal mit dunkler Holztäfelung und Intarsienboden, einen Musikraum mit einem Steinway-Klavier aus dem Jahr 1919 und mehrere schöne kleinere Zimmer voll mit Antiquitäten.

DIE LATERNE DER KATARINA-FEUERWACHE

(3)

Die (wahrscheinlich) älteste einsatzbereite Feuerwache der Welt

Tjärhovsgatan 9–11
Die Laterne und die Garage können den ganzen Tag über besichtigt werden

Vermutlich ist die Katerina-Feuerwache die älteste Feuerwache, die an ihrem Original-Standort noch in Betrieb ist – der nächste Konkurrent ist eine Feuerwache in den USA, die es seit 1889 gibt. Ein Antrag für einen Eintrag im *Guinness-Buch der Rekorde* wurde gestellt. Der Großteil des Innenraums, der durch die Garagentore zu sehen ist, wirkt jedoch eher funktional modern als altertümlich – eine nachvollziehbare Prioritätensetzung. Die ältesten Teile des Gebäudes stammen aus den 1870er-Jahren. Nachdem es als Brauerei, Stadtwache und zusätzliches Krankenhaus während der Choleraepidemie 1834 gedient hatte, wurde es 1876 zur Feuerwache. 1895 nahm man größere Umbauten vor, wobei mehrere kleinere Gebäude, die Teil des Komplexes waren, abgerissen und neu aufgebaut wurden. Neun Pferde zogen damals die Feuerwehrwagen, wurden aber letztendlich durch Autos ersetzt. 1914 wandelte man die Ställe in eine Garage um. Die letzten Pferde, Max und Dux, wurden 1916 verkauft. Die letzte größere Umgestaltung der Wache erfolgte in den 1980er-Jahren. Heute arbeiten dort rund 45 Feuerwehrleute, die einen Bezirk mit 120.000 Menschen vor Feuerkatastrophen schützen.

IN DER UMGEBUNG

Feuerwehrmuseum

Das Museum ist nur für Gruppen von fünf bis 20 Besuchern geöffnet, eine Voranmeldung ist erforderlich (Mail an Christer Lundell: 209ludde@gmail.com) Es wird eine Eintrittsgebühr verlangt

Hinter der Katarina-Feuerwache (in einem Stallgebäude) befindet sich ein Feuerwehrmuseum, das seit 1993 ehrenamtlich von Feuerwehrleuten betrieben wird. Es umfasst historische Fotografien, Volkskunst mit feuerwehrbezogenen Motiven, Banner, alte Feuerwehrautos und -wagen, Uniformen, Schläuche, Gasmasken und andere Ausrüstungsgegenstände.

DIE VERZIERUNGEN AUF DEN KUPFERTÜREN IN DER ÖSTGÖTAGATAN 14

4

Originell verzierte Türen eines Umspannwerks

Östgötagatan 14
Metro-Station: Medborgarplatsen

In einer Seitenstraße abseits der Mosebacke ragen vier riesige, mysteriöse Kupfertüren mehrere Meter in die Höhe. Es wirkt fast so, als wären sie von einer Explosion dahinter verformt worden.

Bei genauerem Hinsehen erkennt man, dass auf der deformierten Oberfläche der rechten Türen verschiedene Elektrogeräte wie Waffel- und Bügeleisen abgebildet sind. Das erklärt sich dadurch, dass sich dahinter ein Umspannwerk verbirgt. Und ja, eine Explosion – wenngleich eine kontrollierte – ist tatsächlich für die markante Oberfläche verantwortlich.

Das zwischen 1903 und 1905 nach einem Entwurf von Ferdinand Boberg erbaute Umspannwerk erfüllte die wichtige Aufgabe, die elektrische Spannung, die mit mehreren tausend Volt aus dem Verteilernetz kam, in die in den Häusern von Södermalm benötigte Niederspannung umzuwandeln.

Boberg ließ sich bei einer Marokko-Reise von der maurisch-islamischen Architektur inspirieren und richtete das Gebäude sogar Richtung Mekka aus. Es passt daher sehr gut, dass hier Stockholms erste große Moschee entstand. Seit 2000 wird das Gebäude als Moschee und islamisches Kulturzentrum genutzt. Der Gebetsraum befindet sich heute hinter den Fliesenwänden der ehemaligen Maschinenhalle. Das Werk wurde zwischen 1996 und 2000 in eine Moschee umgewandelt, als auch ein Minarett hinzukam.

Die schönen Kupfertüren auf die Östgötagatan gibt es seit der Gebäudeerweiterung von 1992. Man beauftragte den Künstler Mikael Pauli, ein passendes Dekor zu finden, der sich für Kupferplatten entschied, die durch eine kontrollierte Explosion verformt werden sollten. Die Türen glühte man zuerst in einem Industrieofen weich und vergrub sie dann in einer Grube. Auf zwei der Türen stellte man vor der Explosion Waffeleisen und ähnliche Geräte, die anderen wurden mit Blitzen, die die Bewegung des Stroms in einem Kabel veranschaulichen sollen, verziert. Man hatte nur einen Versuch für das richtige Ergebnis, aber zum Glück verlief alles wie erhofft.

Hinter den Türen befindet sich eine massive Betonschicht, die im Falle einer Explosion im Umspannwerk den nötigen Schutz bietet. Auch haptisch sind sie ein Erlebnis, verpassen Sie also nicht die Gelegenheit sie anzufassen.

DIE RISSE IN DER GLOCKE DER KATHARINENKIRCHE

5

Eine vom Feuer beschädigte Glocke

Högbergsgatan 15
Metro-Station: Slussen

Vor der Katharinenkirche steht eine riesige, beschädigte Kirchenglocke – mit einem markanten Riss an der Seite. Die Glocke, die 1990 bei einem Brand beschädigt wurde, platzierte man danach an Ort und Stelle als Erinnerung an die grausame Macht des Feuers. Die schöne barocke Katharinenkirche brannte nicht zum ersten Mal. Sie wurde 1723 bei einem Feuer schwer beschädigt, als die Glocken schmolzen und das flüssige Metall in die Kirche darunter tropfte. Bei ihrem Wiederaufbau erhielt sie eine noch höhere und beeindruckendere Kuppel.

Die Katharinenkirche und die Geschichte der Hexerei in Schweden

Die Kirche ist eng mit der Geschichte der Hexerei in Schweden verbunden. Ende des 17. Jahrhunderts (ab 1670) las man dort spezielle Gebete zum Schutz vor Hexen. Damals gab es in Schweden vielerorts spektakuläre Hexenprozesse. Die Angst vor den Dienern Satans erreichte 1675 in Stockholm einen Höhepunkt, als ein kleiner Junge, dessen Mutter als Hexe hingerichtet worden war, aus Gavle ankam. Bald stellte er skurrile Behauptungen über seine Nachbarn auf, unterstützt von anderen, die ebenso begierig waren, Menschen als Satanisten zu verurteilen. Die meisten Ankläger und angeblichen Hexen lebten im Umkreis der Katharinenkirche. In einem Raum über der Sakristei untersuchte ein Konsortium die Anklagen gegen mutmaßliche Hexen. Insgesamt wurden acht Frauen hingerichtet. Eine von ihnen verbrannte man bei lebendigem Leib, da sie nicht zugeben wollte, eine Hexe zu sein. Schließlich nahm man die Informanten genauer ins Visier und stellte fest, dass die ganze Sache erfunden war. Die noch inhaftierten Frauen ließ man frei und richtete an ihrer Stelle die Informanten hin. Die Asche der eifrigsten Informantin, Lisbeth Carlsdotter, ruht noch immer auf dem Friedhof rund um die Katharinenkirche. 1779 wurde die Todesstrafe für Hexerei in Schweden abgeschafft, doch noch viel später kursierten gelegentliche Gerüchte und es kam zu Panik – oft mit tragischen Folgen. Aufgrund der Verbindung der Katharinenkirche zu den Hexenprozessen galten die beiden Brände von 1723 und 1990 als Rache für die Grausamkeiten der Kirche an den Hexen. Manche meinten, die Feuer seien eine Art „göttliche Vergeltung", und Gott wolle sich an seinen unwürdigen und intoleranten irdischen Dienern rächen. Andere behaupteten, die Kirche sei von den Hexen verflucht. Der Überlieferung nach soll sogar ein geheimer Hexenkult, der die Jahrhunderte überdauert hatte, hinter den Bränden stecken, die als Rache für die hingerichteten Mitglieder galten. Einige wiederum sehen die Erklärung für die Unglücksfälle der Kirche in einer Prophezeiung, die besagt, dass die Kirche zweimal in Trümmern liegen werde, da sie auf dem Katharinenberg erbaut ist, wo 1520 die Opfer des Stockholmer Blutbades verbrannt worden waren (siehe S. 40). Dadurch sei der Ort auf ewig verflucht.

DIE HOSTIENBÄCKEREI ERSTA

⑥

Wo der Leib Christi gebacken wird

Erstagatan 1
Museum (kostenlos): Dienstag, Mittwoch und Donnerstag, 11.30–13.30 Uhr
Die Bäckerei ist zu den üblichen Geschäftszeiten geöffnet

Es gibt nur sehr wenige Hostienbäckereien in Schweden, aber eine davon liegt direkt im Zentrum von Stockholm und ist seit 1909 in Betrieb. Die Bäckerei befindet sich im Gebäude gleich auf der rechten

© Ersta Oblattageri

Seite, wenn man durch das Tor das Gelände des Ersta-Diakoniezentrums betritt. Durch die ebenerdigen Fenster hat man einen guten Blick auf die Produktionsstätte.

Auf der linken Seite steht ein kleines Museum (eröffnet 1983), das an die lange Geschichte (über 170 Jahre) der Ersta-Diakonissen und -Schwestern erinnert – mit Fotografien, nachgebildeten historischen Krankenhauszimmern und alten Uniformen.

Bis in die 1980er-Jahre arbeiteten überwiegend pensionierte Diakonissen in der Bäckerei – ehrenamtlich. Heute sind die meisten Bäcker und Bäckerinnen ordentlich angestellt, aber es gibt auch Freiwillige (oft ältere) unterschiedlichster Herkunft. Ersta ist der größte Hostienproduzent in Schweden mit jährlich etwa vier Millionen Hostien. Alle Hostien sind glutenfrei und ökologisch hergestellt. Die Zutaten sind Kartoffelstärke, Maismehl, Reismehl und Guarkernmehl.

Die Art der Hostienherstellung geht bis ins 9. Jahrhundert zurück. Damals bestand ein Hostieneisen aus zwei rechteckigen Metallstücken und wurde mit ausreichend Teig für drei bis vier Hostien gefüllt. Auf einer der Platten waren christliche Symbole eingraviert, die ein Muster auf den fertigen Produkten erzeugten. Die Hostien wurden über offenem Feuer gebacken.

© Ersta Oblattageri

Seit der Gründung im Jahr 1909 verwendet die Bäckerei Ersta jedoch elektrische Hostieneisen. Die aktuellen können 44 Hostien auf einmal herstellen, das Produktionstempo ist aber eher entspannt als hektisch.

Die Bäckerei verkauft ihre Produkte nur an offiziell registrierte Kirchen …

Kunden sind vor allem schwedische Gemeinden, es gibt aber auch ausländische Kunden. Bevor Sie auf die Idee kommen, einen schrägen Snack zur Belustigung Ihrer Freunde beim nächsten gemeinsamen Abendessen mitzunehmen, sollten Sie wissen, dass die Bäckerei ihre Produkte nur an offiziell registrierte Kirchen verkauft. Der Verkaufserlös wird für karitative Aktivitäten des Diakoniezentrums verwendet.

DAS TEATER DUR OCH MOLL

⑦

Stockholms kleinstes Theater

Fjällgatan 16–18
durochmoll.se
info@durochmoll.se
Metro-Station: Slussen

In einem kleinen Haus auf dem Stigberget, einem Hügel auf Södermalm, befindet sich das Teater Dur och Moll, Stockholms kleinstes Theater.

Seit der Eröffnung 1998 führt es eigens für die Räumlichkeiten geschriebene Theaterstücke auf, meist Geschichten über Frauen in historischen Zeiten – etwa über die schwedischen Hexenprozesse im 17. Jahrhundert. Die Schauspielerin Gen Hedberg leitet den Großteil des Theatergeschäfts mit Unterstützung mehrerer Profis und Fans. Besonders beeindruckend sind die grotesken Masken, die zum Einsatz kommen.

Es gibt nur 20 Plätze, sich hier ein Theaterstück anzusehen, ist also eine sehr intime Angelegenheit. Kein Zuschauer ist mehr als vier Meter von den Schauspielern entfernt, was bedeutet, dass man auf einmalige Weise Augenkontakt halten kann. Flyer verkünden stolz, dass es „das kleinste Theater der Welt!" sei, was wahr sein mag oder auch nicht – aber es ist definitiv das kleinste seiner Art in Stockholm und wahrscheinlich auch in Schweden.

Der Name der Straße lautet Fjällgatan, wobei *Fjäll* eine Art großen Berg bezeichnet – in Anlehnung an die große Höhe (um einen tatsächlichen *Fjäll* zu finden, muss man allerdings nach Nordschweden fahren). Der Stigberget war einst der Galgenberg, ein finsterer Hinrichtungsort. Als der Galgen Ende des 17. Jahrhunderts nach Skanstull verlegt wurde, begannen die Menschen hier Häuser zu bauen. Natürlich keine schicken Häuser – schließlich würde niemand mit Geld an einem Ort mit einer solchen Geschichte wohnen wollen – sondern Holzhütten. Sie existierten jedoch nicht lange, da sie alle, zusammen mit den meisten anderen Gebäuden der Pfarrgemeinde, dem großen Brand von 1723 zum Opfer fielen.

Nach dem Brand war das heutige Theater einer der ersten Neubauten, der auf den Trümmern errichtet wurde. Ein Zimmermann namens Andersson kaufte das Grundstück von einem Metzger und baute sich ein Haus mit zwei Zimmern und einem Strohdach zur Straße hin. Im Hof errichtete er eine Bäckerei. Andersson, seine Frau, drei Kinder und drei Mägde wohnten alle in diesem Haus. Seine Frau führte ein *Sylteri*, eine Art einfaches Lokal, das kalte Aufschnitte servierte.

1756 zog die Familie aus, und aus dem zur Straße gelegenen Haus wurde die eher verrufene Kneipe Aline auf dem Berg. Mehr als 50 Jahre lang blieb es ein Ort des Zuprostens, der Prahlerei und der Trinkgelage. Heute ist in dem Gebäude das Theater untergebracht. Es sieht fast noch genauso aus wie 1805, als es zu einem Geschäft umgebaut wurde, in dem man Gewichte verkaufte und das von einem Mann namens Blåberg betrieben wurde.

DAS KAPITÄN-ROLLA-DENKMAL ⑧

Das kaputte Denkmal für einen tragischen Ballonfahrer

Oberhalb der Klevgränd – Metro-Station: Slussen

Auf der Rückseite des beliebten Ausgehviertels Mosebacke steht ein kurioses Denkmal für den wagemutigen Ballonfahrer Kapitän Rolla. Man sieht es nur, wenn man die Treppe hinter der Mosebacke hinabsteigt oder wenn man sich von der darunterliegenden Straße aus nähert.

An der Wand sind die Silhouette eines staunenden Publikums, ein Teil des Ballons und der Kapitän selbst angebracht. Letzterer hat jedoch nur noch ein Bein. Der Rest des Denkmals des Künstlers Rolf Swedberg (1927–2008) wurde vermutlich bei einem Sturm beschädigt und vom Wind davongetragen – was durchaus passend ist.

Wer also war Kapitän Rolla (1870–1890)? Der junge Abenteurer und Akrobat Victor Rolla, geboren in Vitebsk, Belarus, ließ sich vom Ballonfahrer Charles Leroux in Tallin ausbilden. Leroux selbst ertrank bei einem Fallschirmsprung. Nachdem die Behörden in Helsinki das Ballonfahren bzw. Fallschirmspringen aufgrund der Risiken verboten hatten, traf Rolla im Frühjahr 1890 in Stockholm ein. Seine Show wurde eine Sensation. Auf der Mosebacke versuchte er vor Publikum dreimal mit dem Fallschirm aus dem Ballon zu springen. Der erste Versuch, am 15. Mai, misslang, und der Ballon landete in einem Busch. Beim zweiten, am 18. Mai, stieg er in die Höhe und wollte den Fallschirm vom Ballon trennen – aber er verhedderte sich in den Leinen und der Fallschirm öffnete sich erst kurz, bevor er ins Wasser eintauchte. Das Publikum war begeistert.

Bei Kapitän Rollas drittem Flug, am 29. Mai, verlor er die Kontrolle über den Ballon und der Wind trug ihn aufs Meer hinaus. Erschrockene Zuschauer sahen ihn als kleinen Punkt weit draußen über dem Wasser schweben, bevor er verschwand. Am Tag darauf wurde seine Leiche jenseits von Ljusterö gefunden. Die Obduktion ergab, dass er erfroren war, bevor der Ballon ins Wasser stürzte.

Das Interesse der Medien in Schweden wie auch international war groß. Etwa 50.000 bis 60.000 Menschen kamen zur Beerdigung, einer der größten des Jahrhunderts. Mit Volksliedern wurde des tragischen Todes von Kapitän Rolla gedacht. Mithilfe eines Wachsabdrucks von seinem Gesicht wurde seine Figur mit Ballon, im Panoptikum-Wachfigurenkabinett in Stockholm (die lokale Version von Madame Tussaud's in London) ausgestellt. Sie blieb bis zur Schließung des Museums im Jahr 1924 dort, und der wagemutige junge Ballonfahrer verschwand langsam aus dem öffentlichen Bewusstsein.

Am 100. Jahrestag seines tragischen Todes wurde das Denkmal auf der Mosebacke errichtet.

DAS BELLMANHAUS

⑨

Das Heim eines Komponisten und seiner parodistischen Freimaurerloge

Urvädersgränd 3
bellmanhuset.se
Führung am ersten Sonntag im Monat um 13 Uhr
Metro-Station: Slussen

Das Bellmanhaus, im Besitz der freimaurerartigen Loge Par Bricole (siehe S. 87), bietet einen faszinierenden Einblick in das Stockholm des 18. Jahrhunderts und seiner zahlreichen Geheimbünde. Es ist einmal im Monat für Besucher geöffnet (siehe vorherige Seite).

Im Erdgeschoss befindet sich der Hauptraum der Par-Bricole-Loge, mit schweren Türen, die mit Trauben und Blättern verziert sind (was die zentrale Rolle des Weintrinkens bei den Aktivitäten des Ordens zeigt).

An den Wänden sind die Wappen der Ordensbrüder zu sehen, oft mit Verweisen auf lukullische Genüsse. Eine kleine mit einem Horn verzierte Tür hebt die Bedeutung der Musik hervor. Am anderen Ende des Raumes befindet sich ein Hintergrundgemälde mit dem Haga Park, während auf dem Tisch das alles-sehende Auge Gottes thront. Auf dieser Etage sind außerdem verschiedene Stäbe mit geschnitzten Weintrauben für zeremonielle Zwecke, historische Trinkhörner und Tassen sowie die Laute von Bellman selbst ausgestellt.

Carl Michael Bellman (1740–1795), ein gefeierter Dichter und Komponist, lebte während seiner produktivsten Jahre (1770–1774) in dem Haus, in dem er auch seine berühmtesten Lieder schrieb. In der obersten Etage befindet sich eine Rekonstruktion von Bellmans Wohnbereich und seine Totenmaske, die neben einem schönen grünen Kachelofen hängt.

Das Gebäude wurde 1764 vom Schmied Adam Wollman erbaut und ist ein gut erhaltenes und schön renoviertes Beispiel der damaligen Architektur.

Der östliche Teil des Grundstücks wurde als Kräutergarten genutzt, der bis zum frühen 20. Jahrhundert erhalten blieb.

1938 kaufte Par Bricole das Haus und ließ es restaurieren. Jeden ersten Sonntag im Monat ist es für die Öffentlichkeit zugänglich, wobei Sänger in historischen Kostümen ein Potpourri von Bellman-Liedern vortragen. Die Sänger und Führer sind oft ziemlich exzentrische Bellman-Fanatiker. Ein illustres und unterhaltsames Erlebnis, das wirklich empfehlenswert ist.

Für einen Preis von 2000 SEK kann man Privatvorführungen im Haus buchen. Sie können auch jederzeit durch die Fenster spähen, spätabends erhaschen Sie vielleicht einen Blick auf die angeheiterten Par-Bricole-Loge, die weiße Fliegen und ihre Orden tragen, wenn sie nach einem Logen-Treffen nach Hause gehen.

Par Bricole: Ein humorvoller Orden

Der Name Par Bricole wird in der Regel mit „durch Zufall" übersetzt. Alles begann 1779 mit ein paar munteren Freunden, unter ihnen der berühmte Bellman.

Sie trafen sich unregelmäßig und mehr oder weniger zufällig in verschiedenen Stockholmer Kneipen. Die meisten waren Mitglieder der schwedischen Freimaurerloge.

Einer von ihnen, Olof Kexel, lenkte Par Bricole um 1780 in eine Freimaurerrichtung, indem er Statuten, ein Gradsystem und Initiationsriten aufstellte – aber alles mit einem Augenzwinkern, da er sich ein wenig über den Freimaurer-Boom dieser Zeit und die vielen Geheimbunde, die im ganzen Land wie Pilze aus dem Boden schossen, lustig machte.

Bellman war der offizielle Dichter des Ordens, dem sich ebenfalls mehrere andere berühmte Dichter anschlossen. Nur Männer dürfen Mitglieder werden, und der Orden genießt königlichen Schutz. Der Schwerpunkt liegt immer noch auf Trinkgelagen und ausgedehnten Abendessen mit witzigen Reden und jeder Menge Trinksprüchen (auch wenn mystischere zeremonielle Handlungen Anfang des 19. Jahrhunderts fast die Oberhand gewonnen hätten). Derzeit hat Par Bricole Logen in Stockholm, Göteborg, Vänersborg, Borås, Malmö, Jänkäping, Sundsvall und Örebro, mit dem Bellmanhaus als „Mutterloge".

© Holger Ellgaard

DIE ALMGREN-FABRIK

10

Eine aktive Textilfabrik mitten in Stockholm

Repslagargatan 15A
kasiden.se – info@kasiden.se
Montag bis Samstag 12–16 Uhr – Es wird eine Eintrittsgebühr verlangt
Metro-Station: Slussen

Almgren ist eine überraschend aktive Textilfabrik mitten in Stockholm und ein Ort lebendiger Industriegeschichte mit voll funktionsfähigen Maschinen aus Holz.

Vor ein paar Jahren ging der letzte Weber in den Ruhestand – aber in der Fabrik werden jetzt drei neue Weber ausgebildet, um, wie man hofft,

bald wieder voll einsatzbereit zu sein.

Das Haus ist absichtlich sehr schmal und wurde so konzipiert, dass, zu einer Zeit als es noch kein elektrisches Licht gab, durch die großen Fenster auf beiden Seiten Tageslicht hereinströmen konnte.

Die 1833 eröffnete Almgren-Fabrik (K.A. Almgrens Sidenvaveri) gab es schon vor der industriellen Revolution, und sie überdauerte das gesamte industrielle Zeitalter. Heute gibt es in Schweden keine relevante Textilindustrie mehr, da diese schon vor langer Zeit in Niedriglohnländer ausgelagert wurde.

Nach dem Kauf der Tickets beginnt man seinen Besuch in der dritten Etage, mit einem interessanten Museum über die Geschichte von Almgren. Und welch lange und illustre Geschichte das ist. Almgren ist unter anderem vermutlich der älteste aktive offizielle Lieferant des Königshofes (seit 1844). Es gibt auch eine bemerkenswerte Ausstellung von Schärpen (die Orden wie der schwedischen Freimaurerloge, dem Timmermansorden und Par Bricole gehören), die alle von Almgren produziert wurden und mit verschiedenen mysteriösen Abzeichen versehen sind.

Die Weberei und ihre Maschinen im zweiten Stock sehen fast genauso aus wie vor über 100 Jahren. Die meisten Geräte funktionieren auch noch. Viele von ihnen tragen Bleistiftmarkierungen, die von den Frauen, die sie einst bedienten, angebracht wurden. Man kann beim Umherwandern fast das Klopfen der Webstühle und die gedämpften Stimmen der Weberinnen hören. Almgren hat eine äußerst lebendige Vergangenheit.

Almgren ist die einzige noch aktive Seidenfabrik in Skandinavien.

Eine Reise – zum Stehlen von Betriebsgeheimnissen

Der Gründer, K.A. Almgren, reiste in den 1820er-Jahren nach Frankreich, um seine Tuberkulose behandeln zu lassen, wollte aber eigentlich französische Industriegeheimnisse ausspionieren. Um dies zu verhindern, waren französische Seidenfabriken für Ausländer nicht zugänglich. Er beherrschte die Sprache jedoch so gut, dass er sich Zutritt zu einer der Fabriken mit dem neuen, hocheffizienten Jacquard-Webstuhl verschaffte. Diese Maschine verwendete zum Anheben des Kettfadens Lochkarten, was den manuellen Arbeitsaufwand drastisch reduzierte. Bei seiner Rückkehr schmuggelte Almgren illegal demontierte Jacquard-Mechanismen ins Land und eröffnete 1833 sein Geschäft.

© Klas Nyberg

MEERJUNGFRAUENSKULPTUREN AM VAN-DER-NOOT-PALAST ⑪

Das Bad von Melusine

Sankt Paulsgatan 21
Metro-Station: Slussen oder Mariatorget

Über dem Eingang zum Van-der-Noot-Palast sind zwei meerjungfrauenähnliche weibliche Figuren zu sehen. Sie stehen in Zusammenhang mit einer interessanten Geschichte. Als der Palast während des 19. Jahrhunderts vorübergehend leerstand, begannen seltsame Gerüchte zu kursieren: Es hieß, es sei verboten, eine bestimmte Tür im Palast zu öffnen. Dahinter würde eine schöne Frau namens Melusine jeden Samstagabend ein Bad nehmen und sich in ein furchterregendes Halbschlangenwesen verwandeln. Diese Geschichte, die im 18. und 19. Jahrhundert in Schweden durch billige auflagenstarke Bücher populär wurde, basiert auf einem alten französischen Volksmärchen.

Vermutlich haben diese beliebten Bücher in Kombination mit den markanten Meerjungfrau-Ornamenten über dem Palasteingang diese Gerüchte befeuert.

Der von Mathias Spihler oder Jean de la Vallé (oder vielleicht auch beiden) entworfene Palast wurde für den Holländer Thomas van der Noot gebaut, der während der sogenannten Großmachtzeit des Landes beim schwedischen Militär Karriere machte.

Wie das Schicksal es wollte, fiel Van der Noot 1677 in der Schlacht bei Stettin, nur drei Jahre nach der Fertigstellung des Palastes. Nach seinem Tod zog die niederländische Delegation in das Gebäude ein und blieb dort 100 Jahre. Es folgten die Nutzung als Kirche, als Tabakfabrik, als Schule, als Gymnastikinstitut – und schließlich Büros. Zu Beginn des 20. Jahrhunderts wollte man das Gebäude abreißen. Glücklicherweise wurde es 1903 von Jean Jahnsson gekauft, einem wohlhabenden Juwelier, der es restaurierte und ihm zu seinem alten Glanz verhalf. Die pseudohistorische Innenausstattung stammt aus dieser Zeit und nicht, wie man glauben könnte, aus der Zeit, als das Haus erbaut wurde.

Als es später wieder vom Abriss bedroht war, kaufte es der Geschäftsmann Axel Wenner-Gren und übergab es an die schwedische Lottakårer (eine 1924 gegründete Hilfsorganisation, die Aufgaben in der schwedischen Landesverteidigung übernahm).

Heute wird es als Konferenzzentrum und für Feste genutzt. Es ist beim Universitätspersonal beliebt und es wurden schon einige kleine akademische Konferenzen und Dissertationsfeiern hier abgehalten.

Um die Mittagszeit kann man hineingehen und sich umsehen, da das Gebäude ein Mittagsrestaurant beherbergt. Leider ist es samstags geschlossen. Man müsste also Besucher einer Veranstaltung dort sein, um hineinzugelangen und dem Plätschern des Wassers zu lauschen, wenn Melusine angeblich ihr Samstagsbad nimmt und sich verwandelt.

Der Palast ist auch werktags einen Besuch wert, und einige der anderen Räume sind möglicherweise zur Besichtigung geöffnet. Besonders schön ist die große Bibliothek im Obergeschoss mit ihren grün-goldenen Vertäfelungen.

DENKMAL ZUR ERINNERUNG AN DEN ABSTURZ DER *JAS 39 GRIPEN* (12)

Eine Gedenkstätte an eine militärische Peinlichkeit

Unter dem südlichen Pfeiler der Västerbron-Brücke bei Långholmen
Metro-Station: Hornstull

Eines der kleinsten Denkmäler Stockholms ist die winzige Metallskulptur eines abstürzenden Papierfliegers unter dem südlichen Pfeiler der Västerbron-Brücke bei Langholmen. Es erinnert an ein dramatisches Ereignis am 8. August 1993, als die schwedische Luftwaffe stolz ihr neues Mehrzweck-Kampfflugzeug (Jagd, Angriff und Aufklärung) *Gripen* („der Greif") präsentieren wollte.

Und zwar am Stockholm Water Festival, einem Straßenfest, das von 1991 bis 1999 stattfand. Der erfahrene Testpilot Lars Rådeström verlor jedoch aufgrund von Problemen mit dem computergesteuerten Lenksystem bei einer Rolle in geringer Höhe die Kontrolle über das Flugzeug und musste sich mit dem Schleudersitz retten. Das Flugzeug stürzte nahe der Västerbron-Brücke ab, die Långholmen mit Södermalm verbindet. Die dramatischen Aufnahmen zeigen, wie eine riesige Rauchsäule aus einem Baumhain aufsteigt (es gibt einige Amateurfilme auf YouTube). Trotz der tausenden anwesenden Menschen wurde nur eine Person verletzt – eine Frau, die drei Wochen mit schweren Verbrennungen im Krankenhaus lag. Eine kleine Kursänderung und die Sache hätte sehr schlimm ausgehen können.

Dies war nicht der erste Absturz für das heftig kritisierte Gripen-Projekt. Im Februar 1989 stürzte ein Flugzeug (ebenfalls von Rådeström gesteuert) aufgrund eines Softwarefehlers (oder einer Pendelbewegung des Piloten, wie manche meinen) auf ein Testfeld. Ein Fiasko, das vom schwedischen Fernsehen gefilmt wurde. Der zweite Absturz – mitten in der Stadt! – zog natürlich ein Glaubwürdigkeitsproblem für den Hersteller und die Armee nach sich. (Letztlich sollte sich der *JAS 39 Gripen* wieder von seinem schlechten Ruf erholen und spätere Versionen wurden in mehrere Länder exportiert. Heute bildet er das Rückgrat der schwedischen Luftwaffe.) Nach dem Absturz gab es beim Water Festival keine Flugshows mehr.

© Tuomo Salonen / SIMFinnish Aviation Museum

MINIATUR-NACHBILDUNG VON MICKES SERIER, CD & VINYL

13

Eine exakte Nachbildung eines Ladens im Maßstab 1:12

Långholmsgatan 20 – Metro-Station: Hornstull
Täglich, 11–22 Uhr
Die Miniatur ist den ganzen Tag durch das Fenster zu sehen

Im Schaufenster des legendären Platten- und Comic-Geschäfts Mickes Serier gibt es ein herrliches kleines Display, das die meisten Passanten wahrscheinlich gar nicht bemerken: Ein begeisterter Modellbauer hat eine exakte Nachbildung des Ladens gebaut. Diejenigen, die darauf aufmerksam werden, sind oft dermaßen begeistert, dass sie ihren Kopf durch die Tür stecken, um zu fragen, wer sie gebaut hat, worauf der Besitzer stolz antwortet, dass seine Schwester die Miniatur für ihn angefertigt hat.

Mickes Schwester Ewa bastelte sie als Geschenk zu seinem 54. Geburtstag am 17. November 2009. Als Ewa und ihr Partner am fraglichen Tag mit dem Auto beim Laden ankamen, nahmen sie etwas Großes, Schweres, das mit einer Decke verhüllt war, aus dem Kofferraum – und Micke fürchtete, dass sie ihm ein Aquarium gekauft hätten, was das Letzte war, was er sich wünschte. Er hatte keinen Platz und keine Zeit, sich um Fische zu kümmern, da er rund um die Uhr in seinem Laden arbeitete.

Seine Angst verwandelte sich sofort in sprachloses Staunen, als die Decke gelüftet wurde und seine Schwester einen Nachbau seines Ladens enthüllte!

Die Abbildung war originalgetreu bis ins kleinste Detail: mit Kasse, Regalen, Tischen mit CDs und LPs, Kartonschachteln und Papiertüten sowie funktionierende Lampen. Das Anfertigen im Maßstab 1:12 dauerte drei Jahre. Ewa begann heimlich, Fotos vom Geschäft zu machen, wobei Mickes Ladenassistenten in den Plan eingeweiht waren. Obwohl Ewa keine offizielle Ausbildung im Modellbau hat, ist ihre Arbeit meisterhaft.

Als Ewa an jenem Novembertag fragte, wo Micke das Modell in seiner Wohnung aufstellen wollte, beschloss er sofort, es stattdessen im Geschäft selbst zu platzieren, damit alle es sehen konnten.

Der seit 1996 geöffnete Shop ist bekannt für seine großzügigen Öffnungszeiten (täglich bis mindestens 22 Uhr, oft sogar an Heiligabend) und das Geplauder des unkonventionellen Ladenbesitzers Micke selbst. Gut bestückt mit teuren Vinylraritäten und Schnäppchenalben sowie Comics und DVDs, ist der Laden einer der besten Orte der Stadt, um Sammlerstücke zu fairen Preisen zu ergattern. Aber das wirklich Besondere ist die Miniatur-Nachbildung.

DIE WODKA-BÄNKE AUF REIMERSHOLME

(14)

Nehmen Sie in den Überresten des Wodka-Krieges Platz

Auf der Promenade von Reimersholme
Zu jeder Tages- und Nachtzeit zugänglich
Metro-Station: Hornstull

Auf Reimersholme gibt es Bänke, die in große, auf Sockeln stehende Wodka-Fässer sowie Cognac-Schatullen integriert sind. Dies sind die Überreste des sogenannten *Brännvinskriget* („Wodka-Krieg"), in dem der angreifende „General" ein gewisser Lars Olsson Smith (1836–1913) war. Reimersholme war damals sein Einsatzort, die Fässer und Schatullen blieben erhalten, um an die Geschehnisse zu erinnern.

Lars Olsson Smith, als Sohn armer Eltern in Südschweden geboren und von einem Konsul namens Smith adoptiert, ging nur zwei Jahre zur Schule, bevor er als 10-Jähriger mehrere kleine Geschäfte anleierte. Als junger Erwachsener verdiente er mit dem Verkauf von Wodka ein Vermögen. Zu einer Zeit, als so ziemlich jeder Mann in Schweden nach heutigem Standard Alkoholiker war (etwa zwei Liter Wodka pro Woche!), war der Handel mit Alkohol extrem lukrativ.

Smith baute eine Fabrik auf Reimersholme, um qualitativ hochwertigen Wodka herzustellen, der dem des Stadtmonopols überlegen war. Der Name seiner Marke war Absolut Rent Brännvin, der Vorläufer des heutigen Absolut Vodka. Das Monopol umfasste nur die Stadt Stockholm, und Smith bot kostenlose Bootsfahrten zu seiner Fabrik auf Reimersholme an (das damals nicht zu Stockholm gehörte), um es zu umgehen. Durch Preisdumping und aggressives Marketing gewann er die Kunden für sich. So endete der erste Wodka-Krieg und Smith wurde als der Wodka-König (*Brännvinskungen*) bekannt.

Das Stadtmonopol versuchte später erneut, Smiths Geschäft zu unterbinden, woraufhin Smith in allen Zeitungen eine große Anzeige mit der Überschrift „Kriegserklärung" veröffentlichte. Smith hatte eine weitere Fabrik auf Fjäderholmarna eröffnet. Auch hier bot er kostenlose Bootsfahrten an, wobei drei Schiffe mehrmals pro Stunde hin und her fuhren. Smith war ein rücksichtsloser Geschäftsmann, wurde aktiver Politiker im schwedischen Parlament,wo er für soziale Reformen und Arbeiterrechte eintrat, eröffnete billige Restaurants für Arbeiter und lernte sieben Sprachen, um sein Geschäft international auszubauen. Zu seinen größten Erfolgen gehörte der Export von Wodka nach Spanien und Portugal. Nach vielen Höhen und Tiefen starb er 1913 in Armut.

Die okkulten Töchter des Wodka-Königs

Smiths Töchter sollten später hochkarätige Okkultistinnen werden. Seine ältere Tochter, Marie, wurde durch die Heirat mit dem türkischen Diplomaten Prinz Jean Karadja Pascha zur Prinzessin und wandte sich nach seinem Tod dem Spiritismus zu. Sie veröffentlichte viele einflussreiche Bücher zu diesem Thema. Seine jüngere Tochter, Lucie, heiratete den Adeligen Axel Lagerbielke und gab die okkulte Zeitschrift *Framtidens Folk* (*„Die Menschen der Zukunft"*) heraus.

Kungsholmen – Normalm

Rådmansgatan
Tegnergatan
Vasaparken
Tegnérlunden
Drottninggatan
Sveavägen
Humlegården
Birger Jarlsgatan
Regeringsgatan
Sturegatan
Linnégatan
Tegnergatan
10
11
13
14
Hötorget
12
NORRA BATORGET
Konserthuset
Nybrogatan
15
NORRMALM
Hamngatan
Strandvägen
Fleminggatan
KUNGSBRON
16
T-Centralen
Drottninggatan
Kungsträdgårdsgatan
20
19
Nybrokajen
8
9
Scheelegatan
Rådhuset
Stockholm Central
17
18
NORRBRO
STRÖMBRON
Stadshuset
VASABRON
Mälarstrand
Riddarholmen
GAMLA STAN
Riddarfjärden
Gamla Stan
Söder Mälarstrand
SÖDERMALM
Slussen

LILLA HORNSBERG

①

Ein Haus aus dem 18. Jahrhundert, Zeuge eines neu erwachten Respekts vor der Vergangenheit

Hornsbergs Strand 22 – Metro-Station: Stadshagen

Am Karlberger Kanal stehen zwei gut erhaltene malerische Häuser aus dem 18. Jahrhundert als schöne Beispiele für historische Architektur in einer ansonsten sehr modernen Gegend.

Das erste, Lilla Hornsberg, wurde in den 1760er-Jahren erbaut und hat Außentüren mit wunderbar unebenen mundgeblasenen Glaseinsätzen und robusten Eisenscharnieren, wie sie im 18. Jahrhundert üblich waren.

Lugt man durch eines der Fenster, sieht man einen blau-weißen Kachelofen aus derselben Zeit. Auf der Nordseite des Hauses befindet sich ein blindes Fenster. Die anderen Fenster, die die für diese Zeit typische kleine Größe haben, wurden allerdings in den 1950er-Jahren hergestellt.

Das Gebäude entstand als Wachstube für das Schloss Hornsberg (letzteres wurde 1890 abgerissen). Dann war es Mitte des 18. Jahrhunderts ein Gasthaus namens Fördärvet („das Verderben"). Damals lag es in der Nähe einer Mautstelle. Bauern, die ihre Waren auf Märkten in der Stadt verkauft hatten, hielten dort an, um ihr hart verdientes Geld für einen Drink auszugeben – zum Ärger ihrer zu Hause wartenden Ehefrauen. Man konnte dort bis in die 1940er-Jahre trinken, als der

© Lilla Hornsberg

stark baufällige Betrieb aus hygienischen Gründen geschlossen wurde.

In den 1950er-Jahren wurde das Haus renoviert und als Büro an die Literarische Gesellschaft vermietet. Ein Großteil des Holzes musste vollständig ersetzt werden, und im Rahmen eines ehrgeizigen Projekts wurden Kachelöfen und Türen aus der Sammlung des Stockholmer Stadtmuseums eingebaut.

Als die Gesellschaft 2011 auszog, stand das Haus mehrere Jahre leer. Heute hat sich dort eine buddhistische Gemeinde eingemietet, die Meditationskurse und andere Aktivitäten anbietet. Der Vermieter, die Insel Stadsholmen, die im Besitz der Stadt ist, forderte, dass der Mieter das Gebäude für eine Tätigkeit mit „kreativer Basis" nutzen solle, die „mit den existierenden kulturhistorischen und bauantiquarischen Werten im Einklang steht" – warum der Buddhismus diese Anforderungen offenbar erfüllt, ist nicht ganz klar.

Die Renovierung von Lilla Hornsberg markierte einen Paradigmenwechsel in der Einstellung zu historischen Gebäuden und ist somit auch ein Denkmal für eine neu erwachte Achtung der Vergangenheit in einer Zeit, in der das Motto „Abreißen und neu bauen" galt.

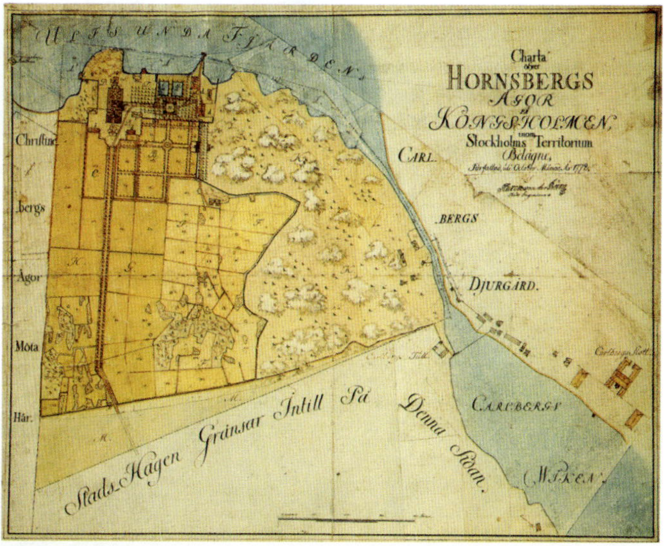

Neben der Wachstube aus den 1760er-Jahren befindet sich ein etwas später erbautes Gebäude, das ursprünglich in Södermalm stand, aber in den 1950er-Jahren hierher verlegt wurde (jetzt ein Privathaus).

DER JÜDISCHE FRIEDHOF ARONSBERG

②

Ein stimmungsvoller Friedhof aus dem 18. Jahrhundert inmitten der Stadt

Alströmergatan 47
Metro-Station: Fridhemsplan
Nicht öffentlich zugänglich, aber exzellente Sicht auf die Grabsteine von außen

Wenige Meter unter dem heutigen Straßenniveau liegt der alte jüdische Friedhof Aronsberg mit einer Fläche von 1300 Quadratmetern, ein stimmungsvoller Friedhof aus dem 18. Jahrhundert inmitten der Stadt. Obwohl er eingezäunt und nicht für die Öffentlichkeit zugänglich ist, hat man von außen einen guten Blick auf die Gräber.

Die wunderschön verwitterten Grabsteine sind wahre Kunstwerke. Als der Friedhof angelegt wurde, lag er weit entfernt von der Hektik der Stadt – eine jüdische Grabstätte sollte nicht in der Nähe von Wohnstätten liegen und ist ein heiliger Ort, sogar heiliger als eine Synagoge. Heute ist er jedoch von Mietshäusern umgeben. Ein jüdisches Grab kann nicht verlegt oder wiederverwendet werden, weshalb sich die Friedhöfe recht schnell füllen (auf einem christlichen Friedhof werden alte Gräber, die niemand mehr pflegt, oft verlegt und durch neue ersetzt).

Das älteste Grab hier stammt aus dem Jahr 1782 (eine Beata Isaacson), das neueste aus dem Jahr 1888. Im Laufe der Jahre fanden hier 300 Beerdigungen statt, nicht alle haben jedoch noch einen Grabstein. Viele sind in der sauren Stockholmer Luft verwittert, und einige wurden leider im Laufe der Jahre von Antisemiten beschädigt – mit Hakenkreuzen beschmiert oder sogar mit Vorschlaghämmern zertrümmert.

Die meisten Grabsteine sind aus gotländischem Kalkstein oder Sandstein gefertigt, mit einigen Ausnahmen aus Gusseisen, und fast alle tragen Inschriften in hebräischer statt lateinischer Schrift. Die Daten werden nach dem jüdischen Kalender angegeben, der auf dem babylonischen Kalender basiert.

Der Gründer von Aronsberg war Aaron Isaac (1730–1816), der erste ungetaufte Jude, der nach Schweden einwandern durfte. Der 43-jährige, verheiratete Vater von fünf Kindern begann ziemlich bald mit der Anlage eines jüdischen Friedhofs, lehnte aber das Angebot, ein Stück Land auf dem Klara-Friedhof zu nutzen, ab, da er einen ruhigeren Ort suchte.

IN DER UMGEBUNG

Die jüdische Grabstätte Kronoberg

Eine ähnlich alte jüdische Grabstätte befindet sich in der Nähe des Kronobergs. 1787 zählte die jüdische Gemeinde in Schweden 150 Personen, und einige waren der Ansicht, dass Aaron Isaac in seiner Rolle als ihr Repräsentant zu autoritär geworden war. Diese Gruppe errichtete daher ihren eigenen Friedhof, ebenfalls in Kungsholmen. Isaac blieb davon unbeeindruckt und schrieb verächtlich in seinen Memoiren: „Es ist ein kleiner Ort unterhalb eines Berges. Wenn es regnet, fließt die Gülle auf den Friedhof, und der Bau war sicherlich teurer als meiner.“ Schließlich waren die beiden rivalisierenden Friedhöfe überfüllt, und die Gemeinde erwarb ein größeres Grundstück auf dem Norra Begravningsplatsen.

DIE INNENGESTALTUNG DES ST.-GÖRANS-GYMNASIUMS

③

Ein schonungslos brutalistisches, elfstöckiges Gebäude

Sankt Göransgatan 95
Die Tür zur Eingangshalle ist verschlossen, aber normalerweise lassen einen nette Schüler, die hier aus- und eingehen, hinein, damit man sich umsehen kann. Einen guten Blick hat man auch durch die Fensterfronten
Metro-Station: Fridhemsplan

Modernismus-Fans nennen es „Stockholms schönstes Gebäude". Aber viele können das riesige, brutalistische Haus aus den 1960er-Jahren, das früher eine Schule für 16- bis 19-Jährige war, nicht ausstehen. Was auch immer Sie davon halten, es wird Sie nicht gleichgültig lassen. Es ist eine Stockholmer Sehenswürdigkeit, die man entweder mag oder hasst. Die Architektin Léonie Geisendorf (1914–2016) ließ sich von ihrem radikalen französischen Kollegen Le Corbusier inspirieren. Das St.-Görans-Gymnasium ähnelt einer Unité d'Habitation – eine Gebäudeart, die man in Berlin und vielerorts in Frankreich findet. Man wollte verschiedene Funktionen in einem einzigen Block vereinen, zum Beispiel mit Joggingbahnen auf dem Dach. Obwohl es diese hier nicht gibt, hat das Haus viel vom Stil der Unité d'Habitation. Zunächst erhielten hier 1000 Mädchen Haushaltsunterricht und lernten nähen, elf Jahre später wurde daraus aber eine umfassendere, praxisnähere Bildungseinrichtung, die auch Jungen aufnahm.

Der Zustand des St.-Görans-Gymnasium verschlechterte sich jedoch allmählich und aufgrund fehlender Reparaturen und Lüftungsprobleme wurde es 2008 geschlossen. Es sollte renoviert und wiedereröffnet werden, erfüllte jedoch nicht mehr die Anforderungen einer modernen Schule. Lange Zeit war das geschlossene elfstöckige Gebäude wiederholt Ziel von Einbrüchen und Vandalismus. Und nur gelegentlich wurde es als Drehort für Filme genutzt, die ein finsteres, brutalistisches Setting benötigten.

Mittlerweile wurde es zu einem Studentenwohnheim und einer Kindertagesstätte umgebaut. Die Architektin Léonie Geisendorf, damals 100 Jahre alt, hatte eindeutige Ansichten zu diesem Prozess und blieb bis zu ihrem Tod mit 102 Jahren stark mit seinem Schicksal verbunden.

Die Fassade aus sich wiederholenden Elementen aus schwarzen und grauen Beton sowie Glas ist für die meisten kein schöner Anblick. Aber nach einem Blick ins Innere ändern Sie vielleicht Ihre Meinung. Die Eingangshalle erinnert eher an ein modernistisches Theaterfoyer als an eine alte Schule, mit Lampen aus den 1960er-Jahren, Wendeltreppen, einem Boden mit geometrischen Steinintarsien und viel Sichtbeton.

DIE RELIKTE DES EHEMALIGEN BIOGRAF-DRAKEN-KINOS

4

Ein Drachenbrunnen und ein Neonschild

Fridhemsplan 27
Das Schild ist jederzeit von außen zu sehen. Der Brunnen kann während der Öffnungszeiten des Lagers besichtigt werden (6 Uhr bis Mitternacht)
Metro-Station: Fridhemsplan

Über dem Haus auf dem Fridhemsplan 27 hockt der große grüne Neonkörper eines Drachen in der Dunkelheit, der mit gelben Augen in die Nacht starrt und aus dessen Mund Flammenzungen schießen. Die Bestie bewachte früher einen Silberschatz – genauer gesagt eine Silberleinwand in einem Kino. Jetzt schützt er die verschiedenen verpackten persönlichen Gegenstände in einer Lagerhalle. Er hält aber nach wie vor das alte Svensk-Filmindustri-Logo in seinen Krallen und wird aufgrund seines hohen Werts als Teil des kulturellen Stadterbes erhalten bleiben.

Das frühe Beispiel eines Neonschilds mit simulierter Bewegung (Flammen) wurde von dem Künstler Rudolf Persson entworfen und vom Beleuchtungsingenieur Ruben Morne konstruiert. Nachdem Teile des Schildes nach und nach nicht mehr funktionierten, wurde das gesamte Schild 2012 renoviert (d. h. durch eine originalgetreue Replik ersetzt).

Im einstigen Kinofoyer steht ein Trinkbrunnen des Künstlers Gösta Fredberg, dessen Wasser früher aus dem Maul eines bronzenen Drachen in eine Muschel floss. Jeder kann einen Blick darauf werfen oder seine Bronzeschuppen streicheln. Wenn man nett fragt, stellt das Personal an der Rezeption vielleicht sogar das Wasser an. Ein wahrhaft verborgenes Juwel.

Der am 2. Mai 1938 eröffnete Biograf Draken war einst ein spektakulärer Kinopalast mit 1125 Sitzplätzen. Auf dem Kinovorhang von Isaac Grünewald befanden sich Drachenmotive in 135 Farben. Hinten im Hauptsaal des Kinos gab es ein Telefon, mit dem man bei medizinischen Notfällen einen Arzt aus dem nahe gelegenen St.-Görans-Krankenhaus rufen konnte. Der Name dieses 1888 eröffneten Krankenhauses („St. Georg" auf Deutsch) könnte der Grund für den Namen des Kinos sein – der Hl. Georg war ein legendärer Drachentöter.

1996 wurde das Kino geschlossen – eines der letzten Opfer der Heimkino-Revolution. Eine Weile wurde es für christliche Gebetskreise genutzt, was an Ironie grenzt, da der Drache in der Bibel gleichbedeutend mit dem Satan ist (Offenbarung 12,9). Heute fristet es als Lagerhalle sein Dasein.

DAS HAUS VON SVEN HEDIN

5

Ein Entdecker, der sich selbst ein Denkmal setzte

Norr Mälarstrand 66
Das Dekor ist durch die Eingangstür deutlich sichtbar.
Metro-Station: Rådhuset

Unter den progressiven, modernen und funktionalistischen Häusern am Ufer des Norr Mälarstrand ragt die Nummer 66 wie ein konservativer Fremdkörper hervor. Im klassizistischen Stil mit schweren Säulen am Vordereingang, wurde es von dem Entdecker Sven Hedin (1865–1952) in Auftrag gegeben, was beim Blick durch die Eingangstür sofort offensichtlich ist.

Im Treppenaufgang erstrecken sich dreidimensionale Asien-Landkarten entlang der rechten und das Relief eines chinesischen Tempels entlang der linken Wand. Über dem Tempel schweben Wolken im chinesischen Stil vor einem himmelblauen Hintergrund. Weiter innen, aber ebenfalls von außen sichtbar, sind Zierleisten mit Kamelreitern, Zelten und Gewehren aufgemalt. All dies bezieht sich auf Hedins Errungenschaften und Abenteuer als Entdecker. Die gemalten Teile basieren vermutlich auf seinen Skizzen. Böse Zungen haben die Gesamtästhetik mit der einer Pizzeria aus den 1970er-Jahren oder der eines billigen China-Restaurants verglichen.

Hedin lebte hier von 1935 bis zu seinem Tod 1952 in einer dreistöckigen Wohnung in den obersten Etagen, die er sich mit seinen beiden unverheirateten Schwestern teilte. Hedin war Mitglied der Schwedischen Akademie und genoss durch seine Bücher über Abenteuerreisen ins ferne Zentralasien internationale Berühmtheit. Er sah sich selbst als eine Art Indiana Jones und erhielt, als letzter Schwede, dem diese Ehre zuteilwurde, am 1. Juli 1902 den Ritterschlag.

Einige seiner angeblichen Heldentaten wurden später infrage gestellt, am kompromittierendsten war aber seine enge Beziehung zu den Nazis. Sven Hedin war einer der Lieblingsautoren des jungen Hitler. Der Kommunistenhasser Hedin unterstützte Nazi-Deutschland später und hielt sogar eine begeisterte Rede bei der Eröffnung der Olympischen Spiele 1936 in Berlin. Hitler freute sich sehr über den Rückhalt seines Helden und gewährte Hedin, der mehreren Nazi-Organisationen in Schweden und im Ausland angehörte, zahlreiche Privataudienzen. Kurz nach Hitlers Selbstmord schrieb Hedin einen Nachruf, in dem er seinen Freund als einen der großen Männer der Weltgeschichte pries. Und anscheinend versuchte er sogar noch 1949 bei Abendessen auf Hitler anzustoßen. Erstaunlicherweise wurde trotz allem 1964 ein Mondkrater nach Hedin benannt.

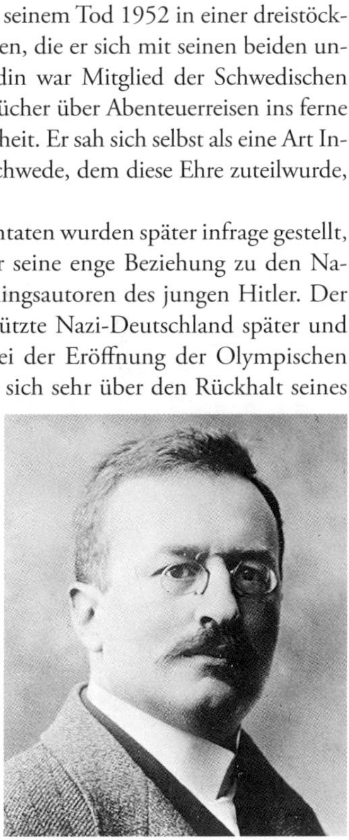

DAS KOLLEKTIVHAUS

6

Ein gescheitertes kommunales Wohnbauprojekt

John Ericssonsgatan 6
Das Haus kann jederzeit von außen besichtigt werden. Der Speisenaufzug im Petite France ist während der Öffnungszeiten der Bäckerei zu sehen: 7–19 Uhr, außer montags (bis 18 Uhr geöffnet) sowie samstags und sonntags (bis 17 Uhr geöffnet)
Metro-Station: Fridhemsplan oder Rådhuset

In Stockholms bester französischer Bäckerei, dem Petite France, können Speisenaufzüge Essen zu den Wohnungen im Haus befördern. Sie befinden sich neben der Theke sowie neben der Küche. Warum diese spezielle Ausstattung? Die Aufzüge sind Überreste eines radikalen Beispiels sozialdemokratischer Utopie: das Kollektivhuset von 1935, in dem sich seit 2008 das Petite France befindet.

Das Gebäude zählt 57 funktionelle Wohnungen, alle mit schrägen kleinen Balkonen, die abgerundete Ecken haben. Die wesentliche Innovation bestand darin, dass sich ausgebildetes hausinternes Personal, und nicht die Mütter selbst, um alle Kinder kümmerten (ggf. auch nachts), die vor Ort in im Erdgeschoss liegenden Einrichtungen betreut wurden, während eine große Zentralküche das Kochen für die Bewohner übernehmen und so Platz in den Wohnungen sparen sollte. Die Mahlzeiten wurden über Speisenaufzüge geliefert. Auch die Wäsche konnte man in einer zentralen Waschküche waschen lassen, wobei es auf jeder Etage Abwurfschächte gab, über die die Kleidung nach unten geschickt wurde. 21 Mitarbeiter kümmerten sich um die Mieter, damit diese effizienter arbeiten konnten. Passend für ein Projekt, das eigentlich ein soziales Experiment war, verfügte die Kindertagesstätte in den 1950er-Jahren über ein Labor, in dem die Kinder über einen Einwegspiegel beobachtet werden konnten.

Die Pläne für das Gebäude entwarf der Architekt Sven Markelius in Zusammenarbeit mit der Sozialdemokratin Alva Myrdal (1902–1986). Ihr Kampf gegen Atomwaffen brachte ihr 1982 einen gemeinsamen Friedensnobelpreis ein. Sie war allerdings auch Eugenikerin, die in dem berühmten Buch *Kris i befolkningsfrågan* („*Die Krise in der Bevölkerungsfrage*“, 1934), das sie zusammen mit ihrem Ehemann Gunnar schrieb, für die ökonomische Rationalität einer radikalen „Säuberung von lebensunfähigen Individuen“ durch „gnadenlose Zwangssterilisierungen“ eintrat, da fünf bis zehn Prozent der Bevölkerung „keinen Beitrag leisten würden, der ihr Leben moralisch rechtfertigt“. Ihr drastischer und gefühlloser Vorschlag wurde von der Regierung teilweise umgesetzt, was einen Schatten auf Myrdals rationalistisches Konzept für das Gebäude wirft.

Viele der „Kulturradikalen“ von damals zogen hier ein. Laut einer recht flapsigen, zeitgenössischen Aussage hätte eine Bombe in diesem Haus einen erheblichen Teil der intellektuellen Elite des Landes auslöschen können. Markelius selbst lebte einige Jahre in dem Gebäude, zog aber schließlich in eine Villa im noblen Danderyd – die sozialistische Utopie bot offenbar keine für die Urheber ansprechende Lebensweise – und schließlich wurde der gesamte rationalistisch-kollektivistische Aufbau des Gebäudes aufgegeben. Doch die Speisenaufzüge gibt es noch.

DIE LÜFTUNGSSCHÄCHTE DER KRONOBERG UNTERSUCHUNGSHAFTANSTALT

⑦

Brutalistisches Science-Fiction-Design

Bergsgatan 52 – Metro-Station: Rådhuset

Die Untersuchungshaftanstalt in Kungsholmen ohne Einladung zu betreten ist nicht möglich, es sei denn, Sie haben etwas angestellt und werden in Handschellen dorthin gebracht. Aber Sie können die riesigen, von Lars Englund entworfenen, brutalistischen Science-Fiction-Lüftungsschächte davor bestaunen.

Englund, geboren 1933, war 2005 Thema einer großen Ausstellung im Museum für Moderne Kunst in Stockholm und hatte auch in Venedig, Paris, Warschau und New York erfolgreiche Ausstellungen. Die meisten Schweden tragen Werke von Englund in ihren Geldbörsen mit sich herum, ohne es zu wissen – er hat die alten schwedischen 50-Öre- und 1-Kronenmünzen entworfen. Englund leistete in den 1960er-Jahren Pionierarbeit, indem er Industriematerialien wie Kunststoff, Gummi und Beton einsetzte, während die meisten seiner schwedischen Kollegen immer noch auf traditionellere Stoffe setzten. Im internationalen Kontext weist diese Phase Parallelen zu den Experimenten der US-Minimalisten auf, die etwa zur selben Zeit ähnlich moderne Materialien für nicht-figurative Arbeiten verwendeten – obwohl auch Übereinstimmungen mit der barocken Bildhauerkunst festgestellt wurden.

Oftmals haben die Materialien selbst Englunds künstlerischen Stil geprägt, so zum Beispiel die aufblasbaren Gummikörper. Englund, verantwortlich für mehr als 40 Kunstwerke im öffentlichen Raum, verwirklichte expressive und zugleich dezente Arbeiten mit einer recht ungewöhnlichen Kreuzung aus organischen und geometrisch abstrakten Elementen.

Sie verleihen wiederum Gebäuden, die selbst eher nüchtern erscheinen, eine faszinierende, fremdartige Qualität, wie auch in unserem Fall. Im Gegensatz zu ähnlichen Bauten wie Blåkulla in Solna und dem Stockholmer Universitätscampus in Frescati ist die 1975 gebaute Erweiterung des alten Polizeigebäudes nicht hellblau gefärbt, um mit dem Himmel zu verschmelzen. Stattdessen weist die Glasbeschichtung verschiedene braune und bräunlich-rosane Farbtöne auf – die passende Härte für ein solches Gebäude und tatsächlich viel stimmiger als lahme Versuche, dem Brutalismus seine Schärfe zu nehmen und ihn lieblicher zu gestalten (ein Widerspruch in sich – er soll ja nicht heimelig wirken!).

Das Glas wird durch kleine, dezente Clips fixiert, und je nach Wetter ändert sich die Farbe auf interessante Weise. Durch die Luftschächte wirkt der Komplex lebendiger und spannender. Man kann an sie herantreten und dem Geräusch der Luft lauschen, die durch sie strömt – etwas, das sie in gewisser Weise nicht nur zu einer optischen und haptischen, sondern auch zu einer Klangskulptur macht.

DIE KUPFERGESICHTER DES RÅDHUSET

8

Ein Symbol für Strafe?

Scheelegatan 7 – Metro-Station: Rådhuset
Montag bis Freitag von 8 bis 16 Uhr

Das Rådhuset, das Stockholmer Justizgebäude, ist ein Ort, den Stockholmer in der Regel nur besuchen, wenn sie an einem Gerichtsprozess beteiligt sind oder wenn sie standesamtlich heiraten. Das bedeutet, dass die meisten noch nie dort waren. Das Gebäude ist jedoch ein faszinierender Ort, voller skurriler kleiner Geheimnisse. Das Rådhuset wurde im Zeitraum von fünf Jahren erbaut und 1915 fertiggestellt. Es ist einer der Architektur-Höhepunkte der schwedischen Nationalromantik, mit vielen Bezügen zu den Gebäuden der Wasa-Zeit (1523–1654).

Auf der Nordseite, Richtung Kungsholmsgatan, befindet sich ein mysteriöser, versiegelter Eingang mit einer Laterne. Er führte früher in die Kammer des *Sterbhusnotarien*, der Person, die sich um die Nachlässe Verstorbener kümmerte, ein Beruf, den es nicht mehr gibt. Der Text auf dem Stein an der Tür wurde entfernt, und man weiß nicht, was hier einmal stand.

Auf den rund um den Haupteingang angebrachten Steinen erkennt man die sieben Todsünden, die mithilfe ausdrucksstarker kleiner Granitfiguren von Gustaf Sandberg (1876–1958) dargestellt wurden.

Noch spannender sind jedoch die Gesichter auf der Außenseite des Eingangstors: Vier von Gustaf und seinem Bruder Aron Sandberg

© Holger Ellgaard

stammende Kupfergesichter, die aussehen wie Eisenmasken mit Nieten, ähnlich dem Kopf einer Eisernen Jungfrau oder der Maske eines mittelalterlichen Kriegers. Was sie genau bedeuten, bleibt unklar. Vielleicht weisen sie, wie viele der anderen Verzierungen, auf einen Akt der Bestrafung hin (die Eiserne Jungfrau oder die von Voltaire verbreitete Legende über einen Gefangenen mit einer Eisenmaske).

In der Eingangshalle befindet sich die beeindruckende Valans Pelare („die Säule der Seherin"), eine wuchtige Säule aus rotem Vätö-Granit, die 27 Tonnen wiegt. Sie stellt die alten nordischen Götter unter dem Weltenbaum Yggdrasil dar, die ein *ting* abhalten (eine Ratsversammlung, bei der Streitigkeiten beigelegt und Gesetze verabschiedet wurden).

Ein gestrengeres Symbol für Gerechtigkeit ist der *Kopparmatte* („*der Kupfermatthias*") im zweiten Stock, eine Kopie des Originals aus dem 17. Jahrhundert, das einen bärtigen Mann mit einer Peitsche zeigt und Verbrecher daran erinnert, was sie erwartet.

Man kann auch an den öffentlichen Gerichtsverfahren teilnehmen. Ein unterirdischer Gang verbindet das Gebäude mit dem Polizeipräsidium, damit Verbrecher sicher transportiert werden können.

Hinter dem Haupteingang befindet sich eine spektakuläre Lampe im mittelalterlichen Stil aus Milchglas und Schmiedeeisen, eine dreidimensionale Version der Burg, die im Mittelalter Stockholms Stadtwappen zierte. Dieselbe Burg ist auf dem Portal in Richtung Scheelegatan in Stein gemeißelt.

© Frankie Fouganthin

DER PIPERSKA-MUREN-GARTEN ⑨

Der barocke Garten einer Geheimloge

Scheelegatan 14
Montag bis Freitag 8 bis 17 Uhr
Metro-Station: Rådhuset

Der attraktive, wenn auch nüchterne und streng geometrisch angelegte Barockgarten vor dem Piperska-Muren-Gebäude ist voller Statuen, von denen einige nautische Motive aufweisen. Sie stehen wahrscheinlich mit der Symbolik des mysteriösen Coldinu-Ordens in Verbindung, dessen Mutterloge sich hier befindet. Mehrere andere Geheimorden halten ebenfalls ihre Logentreffen im Gebäude ab.

Gleichzeitig werden die Räumlichkeiten als Konferenzzentrum und für private Feiern genutzt – das heißt, man erlangt relativ leicht Zutritt, indem man vorgibt, sich umsehen zu wollen, da man einen Raum für eine Veranstaltung mieten möchte (oder man ist ehrlicher und fragt einfach nett). An den Zimmern ist jedoch nichts Esoterisches.

Ursprünglich Ende des 17. Jahrhunderts als Sommerresidenz für den Grafen Carl Piper erbaut, wurde es 1765 vom Amaranten-Orden gekauft, der es 1807 an den Coldinu-Orden weiterverkaufte.

Was ist der Coldinu-Orden?

Angeblich geht der sehr mysteriöse Coldinu-Orden auf einen mittelalterlichen Seefahrerorden im Mittelmeerraum zurück und steht, wie es in einer internen Publikation von 1919 heißt, mit „einem der größten Ereignisse der Weltgeschichte" in Verbindung, ohne etwas über dieses Ereignis zu verraten. Der 1757 vom schwedischen Schiffskapitän Carl Biörnberg nach Schweden gebrachte Orden ist heute nur noch in Schweden und Finnland aktiv. Der schwedische Zweig betrieb jedoch auch kurz eine Niederlassung in der Kolonie St. Barthélemy (eine Karibikinsel, 1784–1878 unter schwedischer Herrschaft). Ein Großteil der Brüder des Coldinu-Ordens stammte aus dem Hochadel, oft mit engen Verbindungen zum Königshaus. Das ist noch immer der Fall: Der heutige Großmeister gehört zu einer der ältesten Adelsfamilien des Landes. Ein berühmtes, nicht adeliges Mitglied war der Komponist Hugo Alfvén (1872–1960), der 1955 ein Chorstück für den Orden komponierte. Der schwedische Gründer, Kapitän Biörnberg, interessierte sich ebenfalls sehr für Musik und war Mitglied der Königlich Schwedischen Musikakademie. Der Orden hat rätselhafte Kreuze an Stangen entlang der schwedischen Küste installiert.

Andere Orden im Piperska Muren

Auch andere Orden halten ihre Logentreffen in Piperska Muren ab. Unter ihnen ist der Svea-Orden – eine patriotische, christliche Initiationsgesellschaft mit zehn Graden, die auch eine Sektion für Frauen hat. Ihre Initiationen sollen Wissen über die Kultur des alten Schweden vermitteln und tragen Namen wie „Freya-Grad" (Initiation des dritten Grades für Frauen).

DIE JUGENDSTIL-TORE DER GASVERKET

⑩

Tolkieneske Kupfertüren aus der Zeit der Jahrhundertwende

Torsgatan 22–28 – Metro-Station: T-Centralen oder St. Eriksplan
Die Innenräume sind für die Öffentlichkeit nicht zugänglich, aber einen der interessantesten Räume kann man durch ein Fenster sehen

Auf einem Straßenabschnitt zwischen T-Centralen und dem St. Eriksplan, auf dem nur wenige Fußgänger unterwegs sind, steht halb vergessen ein architektonisches Meisterwerk.

Das Gebäude wurde zwischen 1904 und 1906 erbaut und beherbergte ursprünglich die Stockholmer Gas- und Wasserwerke. Am beeindruckendsten sind die massiven doppelten Kupfertüren auf der Torsgatan 22 mit einem Fackelrelief im Jugendstil, die wie die Tore zu einem Elfen- oder Zwergenreich von Tolkien aussehen.

Leider bleiben sie verschlossen, egal wie oft man den Zauberspruch „Mellon" (das Passwort für die Tore von Moria in *Herr der Ringe*) sagt. Über der Tür blickt der Schutzheilige von Stockholm, der Hl. Erik, eingerahmt von Eichenblättern und Eicheln, auf die Passanten herunter wie ein melancholischer Elfenkönig. Die Türen sind ein haptisches Erlebnis, wenn man mit der Hand über die wunderschön gegossenen Verzierungen streicht. Das Motiv der brennenden Fackel findet sich oben auf dem Kupferdach wieder.

Anfangs waren in dem Gebäude auch Wohnungen untergebracht, die aber in den 1970er-Jahren in Büros umgewandelt wurden. Entworfen wurde es vom überaus produktiven Architekten Ferdinand Boberg (1860–1946), der zu diesem Zeitpunkt seiner Karriere über das Exklusivrecht verfügte, alle „technischen Gebäude" für die Stadt zu bauen. Im selben Jahr, 1906, schuf Boberg ähnliche Verzierungen für das Elektrizitätswerk Brunkeberg (heute auf der Tulegatan 13), wo eine Art Stromgöttin mit einem Heiligenschein aus Glühbirnen und Kabeln das Portal ziert.

Das Innere des Gebäudes wurde von der Immobiliengesellschaft Castellum, der es heute gehört, umfassend renoviert. Die meisten Räume sind nun anonyme Büros, in denen nur wenige Originaldetails erhalten sind, abgesehen von den Bereichen, die unter Denkmalschutz stehen. Dazu gehören das Büro des Chefingenieurs (wo 1981 ein Raubüberfall in der legendären schwedischen Krimi-Komödie *Jönssonligan* gedreht wurde und als Büro des ruchlosen Millionärs Wall-Enberg diente) sowie der Sitzungssaal. Beide sind leider nicht öffentlich zugänglich.

Durch die Fenster im Erdgeschoss rechts von den Kupfertüren haben Sie einen guten Blick auf die ehemalige Gasmünzenhalle mit ihrer kunstvoll verzierten Holztäfelung und Stuckdecke. Die Stockholmer kauften hier früher die Münzen für ihre Gaszähler.

DAS PHARMAZIEMUSEUM

11

Bizarre Medikamente und ein Opiumbacktisch

Wallingatan 26A
Voranmeldungen telefonisch unter 08-723 50 00 oder per E-Mail:
historiker@apotekarsocieteten.se
Nur nach Voranmeldung
Gegen eine Gebühr kann eine Gruppe von bis zu 15 Personen eine Museumsführung mit einem Apotheker buchen.
Metro-Station: Odenplan

Dinge wie spezielle Zigaretten für Asthmatiker und radioaktives Wasser für die Behandlung von Krankheiten machen einen froh, in der Gegenwart und nicht vor 100 Jahren zu leben. Solch bizarre Arzneimittel und viele andere faszinierende Gegenstände findet man im Pharmaziemuseum, einem der obskuren und originelleren Museen in Stockholm, das sich in einem kleinen, alten Gebäude befindet.

Auf 350 Quadratmetern werden fantasievolle Apothekenschilder, Teile der Innenausstattung historischer Apotheken, Gefäße und Werkzeuge – Waagen, Mörser, Pipetten, Reagenzgläser usw. – vom 18. Jahrhundert bis in die Gegenwart ausgestellt. Einige der Objekte sind ziemlich schaurig, wie die Schachtel zur Aufbewahrung von Blutegeln, mit feuchtem Mull drapiert und Luftlöchern, um die kleinen Blutsauger am Leben zu halten. Man nutzte sie nicht nur für den Transport zu einem Patienten, sondern auch, um sie bei anderen Patienten wiederverwenden zu können, was vielleicht nicht sehr hygienisch erscheint.

Es gibt auch einen speziellen Backtisch für Opium. Man legte den schwarzen Opiumteig unter ein Nudelholz und formte daraus kleine Kuchen, auf die das Wort „OPIUM“ gestempelt war. Nur fürs Protokoll: Solche Kuchen gibt es heute in den Stockholmer Apotheken nicht mehr zu kaufen.

Frühe Beispiele von Medikamenten aus dem 16. und 17. Jahrhundert zeigen, dass man glaubte, alle Pflanzen und Bäume, die von Gott geschaffen wurden, hätten medizinische Eigenschaften.

So meinten zum Beispiel schwedische Apotheker damals, dass die Schuppen der Tannenzapfen Zähnen ähneln würden und deshalb Zahnschmerzen heilen könnten, während Kidneybohnen natürlich wirksam gegen Erkrankungen der Nieren wären. Menschen mit blauen Augen sollten die blaue Kornblume als Augenwasser benutzen und so weiter.

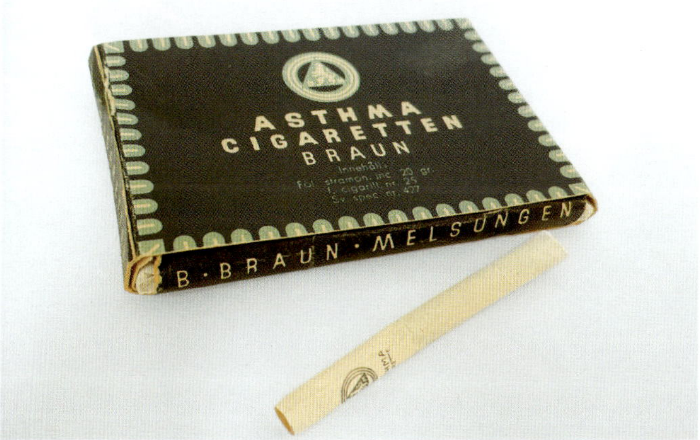

© Apotekar Societeten

DAS SKANDIA-THEATER

⑫

Ein opulentes Kino mit spektakulärem Dekor aus den 1920er-Jahren

Drottninggatan 82
Wenn das Kino geöffnet ist, können Sie sich in der Regel dort umsehen
Metro-Station: Hötorget

Das Skandia-Theater aus den 1920er-Jahren wurde in den letzten Dekaden vor allem für spezielle Events genutzt und ist daher bei den Jüngeren weniger bekannt. Es verfügt über eine der schönsten Innenausstattungen Stockholms.

Der Vorführraum hat eine gewölbte dunkelblaue Decke, die an einen Nachthimmel erinnern soll. Ursprünglich hingen weiße Glaskugeln von der Decke, die die Planeten nachahmen sollten. Szenen der griechisch-römischen und christlichen Mythologie sind im Dekor vertreten, ebenso wie die Mythen der Filmwelt Hollywoods – in Form von Stars wie Harold Lloyd, Charlie Chaplin und Mary Pickford.

Rechts und links der Bühne befinden sich vergoldete Holzstatuen von Adam und Eva. Auf Adams Oberkörper findet sich ein Abdruck, den eine aufgeklebte Notiz hinterlassen hat, als eine Pfingstgemeinde das Gebäude in den 1980er-Jahren für einige Jahre mietete. Was hielten die Pfingstler wohl von dem Treppengeländer, das mit diabolisch aussehenden Schlangenköpfen aus Messing verziert war?

Das in den 1920er-Jahren erbaute Skandia zeigte ursprünglich Stummfilme und besaß deswegen eine Wurlitzer-Kinoorgel. Neben Musik konnte die Orgel Soundeffekte erzeugen, die dem Geschehen im Film entsprachen. Sie wurde von einem Organisten im weißen Smoking gespielt. Eine mechanische Vorrichtung ließ sie langsam aus dem Boden emporsteigen. Den alten Orgelraum gibt es noch, das Gerät befindet sich heute jedoch im ehemaligen Reaktor R1 (siehe S. 292).

Damit in dem 1854 erbauten Haus ein Kino Platz fand, musste der Hinterhof für den Saal herhalten. Das Projekt leitete zunächst der Architekt Ragnar Hjorth und wurde dann an seinen aufstrebenden Kollegen Gunnar Asplund (unterstützt von Uno Åhrén und Kjell Westin) übergeben, der dieses Meisterwerk zwischen 1922 und 1923 schuf. Zu dieser Zeit arbeitete er auch an seinem berühmtesten Werk, der Stockholmer Stadtbibliothek, die ihn zu einem internationalen Star machte.

Asplund war in der Kunstwelt gut vernetzt und brachte zur Gestaltung des Skandia viele seiner Freunde mit. Darunter zukünftige Stars wie Leander Engström, Stig Blomberg und Einar Forseth. Prominente Kritiker dieser Zeit bezeichneten das Ergebnis als Meisterwerk. Im Eröffnungsjahr bot das Skandia Platz für 852 Gäste, heute jedoch nur mehr für 532, da der Abstand zwischen den Reihen für mehr Komfort vergrößert wurde. Vor kurzem wurde es vom Stockholmer Filmfestival aufgekauft.

DER FENIXPALATSET

(13)

Ein ehemaliger „Palast der Sünde" ist heute eine Kirche

Adolf Fredriks Kyrkogata 60 – Metro-Station: Hötorget
Das Gebäude kann sonntags zur Mittagszeit besucht werden.

Fenixpalatset („der Phönixpalast") ist ein passender Name für das Gebäude, das „gestorben", mehrmals wiederauferstanden und heute eine Kirche ist. Es gibt noch viele interessante Details aus seiner wilden Glanzzeit, wie geschnitzte Phönixe, die hie und da an die Vergangenheit erinnern, als dies ein Ort der Ausschweifung und Prostitution war.

Das Haus wurde 1912 erbaut, wobei es ursprünglich als Sportpalast zum Rollschuhlaufen, für Bowling und Billard konzipiert wurde. Bald wandelte es sich jedoch eher in eine Unterhaltungsbühne, die sich auf Konzerte mit Jazz-Größen wie Duke Ellington und Coleman Hawkins spezialisierte. Aber es gab nicht nur Jazz: Zwischen 1912 und 1940 fand hier alles statt, von Tanzveranstaltungen über Schönheitswettbewerbe bis hin zu Treffen der Suffragettenbewegung. Im gesamten Gebäude gab es mehrere kleinere Lokale, wie eine Austernbar und eine eigene Bierstube.

Nach wirtschaftlich turbulenten Jahren wurde es 1930 in Kaos („Chaos") umbenannt, zog aber erneut ein großes Publikum an. Bis zu 1000 Gäste konnte man hier zusammendrängen, darunter auch Frauen, die ihre Körper verkauften, was dem Fenixpalatset den Ruf als „Palast der Sünde" einbrachte. Mit Beginn des Zweiten Weltkriegs nahm das Feiern ein jähes Ende. Das französische Gourmetrestaurant erhielt keine exklusiven Zutaten mehr, Künstler konnten nicht ungehindert reisen, die Hälfte des Personals musste zum Armeedienst und die Wirtschaft kollabierte.

1940 kaufte eine Pfingstgemeinde das Gebäude und baute den großen Saal zu einem Gotteshaus um. Die Gemeinde hatte nur 200 Mitglieder, die in dem 5000 Quadratmeter großen Gebäude genügend Platz fanden. Glücklicherweise gibt es in der Pfingstbewegung keine theologischen Gründe für besondere Dekorationen, da eine Kirche nur als Hülle betrachtet wird, um die Gläubigen zu beherbergen, die die Omnipräsenz Gottes feiern. So ließen die Pfingstler so ziemlich alle dekorativen Details, wie sie waren.

In dem dreistöckigen Saal, mit seinen schönen, vergoldeten Balkonen und der Glaskuppel, durch die das Licht strömt, kann man sonntags den Gottesdienst besuchen. Mehrere kleinere Räume können für Konferenzen und Events gemietet werden, zum Beispiel der Türkische Salon, der einst als Raucherzimmer diente.

DIE RELIEFS AM CENTRUMHUSET ⑭

Witzige Reliefs über das Leben im Stockholm des frühen 20. Jahrhunderts

Kungsgatan 32–38
Die Relieftafeln und die Treppe können den ganzen Tag über besichtigt werden.
Metro-Station: Hötorget

Obwohl das Centrumhuset an einer der geschäftigsten Kreuzungen Stockholms liegt, fallen den meisten seine subtilen und humorvollen Verzierungen nicht auf. Entlang des Gebäudes illustrieren viele kleine Relieftafeln aus gebranntem Ton das Leben in Stockholm. Sie wurden von den Brüdern Aron (1873–1959) und Gustaf Sandberg (1876–1958) angefertigt, die sich 50 Jahre lang ein Atelier auf der Humlegårdsgatan 8 teilten. Aron war auch ein bekannter Möbeldesigner und Innenausstatter. Die vielen Reliefs, die sich ganz unauffällig in den Bau einfügen, erzählen Geschichten über das Leben im Stockholm Anfang des 20. Jahrhunderts: Ein Mädchen, das an einem Trinkbrunnen trinkt (einige dieser Brunnen gibt es noch, aber nur wenige davon funktionieren); eine Mutter, die einen Schirm über den Kinderwagen hält; ein Mann, der eine Frau von hinten auf den Hals küsst (oder beißt Dracula ein Opfer in die Kehle?); eine hexenähnliche Figur, die ihre Hand hebt, mit der Überschrift „Portvakt" („Pförtner") – ein damals in Stockholm üblicher Beruf, der bis in die 1990er-Jahre existierte; ein Zeitungsjunge, der seine Ware feilbietet; ein Maurer mit seinem Baumaterial; ein Radfahrer in gestreifter Kleidung; ein Kaminkehrer auf einem Dach; ein Bauarbeiter, der Löcher bohrt; ein Ballonverkäufer; ein kleines Kind, das nach einem schönen Türgriff greift; eine Mutter, die ihr Kind vor einem Kobold oder einem Hund schützt; ein salutierender Pfadfinder; ein Polizist, der den Verkehr regelt. Und noch viele mehr.

Interessant ist auch das zwischen 1929 und 1931 erbaute und von Cyrillus Johansson (1884–1959) entworfene Gebäude mit seiner charakteristischen konkaven Ecke. Stilistisch markiert sie den Übergang vom Neoklassizismus der 1920er zum Funktionalismus, mit einem Hauch deutschem Backsteinexpressionismus. Ursprünglich als Raum für Geschäfte und Büros konzipiert, bot es bei der Eröffnung 1931 Arbeitsplatz für etwa 3000 Personen und verbrauchte so viel Strom wie die gesamte Stadt Alingsås.

IN DER UMGEBUNG

Die Treppe des Centrumhuset

Ein faszinierendes Element ist die Granittreppe (wahrscheinlich auch ein Johansson-Design) auf der rechten Seite des Gebäudes, die hinauf zur Malmskillnadsgatan führt. Sie ist als optische Täuschung konstruiert, die sie länger erscheinen lässt, als sie ist. Unten ist die Treppe drei Meter breit und verengt sich oben auf zwei Meter.

DIE UGGLAN-APOTHEKE

(15)

Schwedens älteste Apotheke

Drottninggatan 59
Montag bis Freitag 10–19 Uhr, Samstag und Sonntag 11–17 Uhr
Metro-Station: Hötorget

Die Ugglan-Apotheke („Eulen-Apotheke") wird manchmal als die älteste Apotheke in Schweden bezeichnet, da sie sich seit ihrer Eröffnung im Jahr 1798 immer am selben Ort befand (es gibt viel ältere Apotheken, die aber ihren Standort gewechselt haben). Sie ist außerdem ausgesprochen gut erhalten.

Bei ihrer Eröffnung auf dem Hötorget 1 im Jahr 1761 war sie als „Die Gepanzerte Eule“ bekannt. Dieser Name wurde auf „die Eule“ verkürzt. 1798 zog sie in das heutige Gebäude in der Drottninggatan um. Apotheken hatten Tiernamen, weil Tiere im Mittelalter mit positiven Eigenschaften in Verbindung gebracht wurden und weil Tierprodukte ein wichtiger Bestandteil damaliger Arzneimittel waren.

Auf einem schönen vertikalen Neonschild steht „APOTEK“. Über dem schmalen Eingang, der von hohen gusseisernen Säulen flankiert wird, sitzt eine vergoldete Eule, die eine Schlange in ihren Klauen hält (wahrscheinlich ein Symbol für die Medizin, die die Schlange der Krankheit besiegt). Die Schlange kann auch auf Asklepios hinweisen, den griechischen Gott der Heilkunst, dessen Kennzeichen ein von einer Schlange umwundener Stab ist (und in dessen Tempeln es heilige Schlangen gab). Im Inneren befinden sich ebenfalls mehrere Eulen, zum Beispiel ein schönes geschnitztes Exemplar, das seine Flügel über einem Spiegel ausbreitet.

Die letzte größere Umgestaltung des im Laufe der Jahre mehrmals umgebauten und renovierten Gebäudes erfolgte 1993. Es sieht hier noch immer so aus wie in den 1890er-Jahren, als die meisten Regale, Theken und Deckengemälde entstanden. Die Holzarbeiten sind vor allem aus Mahagoni, einem Tropenholz, das heute aus ökologischen Gründen nicht mehr verwendet wird – was bedeutet, dass man für Ergänzungen und Renovierungen das ähnlich aussehende Khaya-Holz aus Westafrika nutzt.

Weitere Highlights sind der Boden in Schachbrettoptik und die wunderschön mit Blumen- und Heilkräutern bemalte Decke. Die Theken zieren Marmorplatten und es gibt alte Waagen und braune Glasflaschen.

Ein spukender Geist?

Am 30. November 1868 wurde im nahegelegenen Kungsträdgården eine Statue von König Karl XII. eingeweiht. Der bekannte Autor August Blanche sollte eine Rede halten, fühlte sich aber auf dem Weg dorthin nicht wohl und suchte Hilfe in der Apotheke – wo er an einem Herzinfarkt starb. Das förderte natürlich Geschichten über den Geist von Blanche, der im Haus herumspuken soll.

Die geschnitzte Holzeule (mit Brustschild), die ursprünglich als Symbol diente, ist heute Teil der Sammlung im Nordiska Museet.

DIE RELIEFS AM CENTRALPOSTHUSET

16

Die Festung der Briefe

Vasagatan 28–34
Die Lobby kann während der normalen Bürozeiten besichtigt werden, die Außenfassade zu jeder Tageszeit.
Metro-Station: T-Centralen

Die ehemalige Hauptniederlassung der schwedischen Post (Postverket, 1636–1994, heute aber durch das verhasste dänisch-schwedische Unternehmen PostNord ersetzt) mit ihren verspielten und viel zu wenig beachteten Details, die sich auf Themen rund um die Post beziehen, stellte Mitte der 1990er-Jahre ihren Dienst als Postamt ein. Dies führte dazu, dass dieses wunderbare Gebäude trotz seiner zentralen Lage weitgehend aus dem öffentlichen Bewusstsein verschwunden ist.

Es wurde zwischen 1899 und 1903 erbaut und nach einem Wettbewerb, bei dem fünf Architekten anonym Vorschläge einreichten, von Ferdinand Boberg (1860–1946) erbaut.

Boberg ließ sich vom Schloss Vadstena inspirieren, einer mittelalterlichen Festung im Süden Schwedens. Boberg entwarf auch Möbel und Glaswaren im Jugendstil. Dieser Stil spiegelt sich in den fantastischen Ornamenten wider, die in den rosa-roten Sandstein an der Außenfassade gemeißelt sind. Sie zeigen Brieftauben, die in einem leicht deliriösen Jahrhundertwendestil dargestellt sind und über bekannte schwedische Wahrzeichen fliegen. Man kann eine ganze Weile damit verbringen, sie im Detail zu studieren und zu bestaunen. Das Gebäude mit einer Bürofläche von rund 30.000 Quadratmetern wurde in den Jahren 1903 und 1974 auf schwedischen Briefmarken dargestellt. Zwischen 1930 und 1938 kam eine funktionale Erweiterung hinzu, die von Erik Lallerstedt entworfen wurde. Sie ist mit dem älteren Gebäude durch zwei brückenähnliche Bauwerke über der Klara Norra Kyrkogata verbunden, die ein strenges Gittermuster aufweisen.

2004 kaufte die Staatliche Liegenschaftsbehörde (Statens Fastighetsverk) das Gebäude, worauf verschiedene Ministerien einzogen. Im Notfall dient es zudem als Evakuierungsort für die Regierung und gilt somit als Schutzobjekt (*skyddsobjekt*).

Der ehemalige Schalter, an dem man früher Briefmarken kaufte, ist heute die Rezeption des Bürohotels, das den Großteil des Gebäudes mietet, während der Rest der Haupthalle mit seiner hohen Decke und den Kolonnaden, die mit den Wappen der schwedischen Regionen verziert sind, als flexibler Office-Space dient. Die vielen flimmernden Bildschirme und die geschäftige Atmosphäre können als deprimierendes Zeugnis für die Privatisierung der öffentlichen Dienste und Gebäude in Schweden oder als Beispiel für den starken schwedischen Unternehmergeist gedeutet werden – je nach Sichtweise.

DIE PHANTOMSTATUE

⑰

Schwedens beliebtester amerikanischer Comic-Held

Järnvägsparken
Metro-Station: T-Centralen

In einem wenig besuchten kleinen Park zwischen dem Hauptbahnhof und einer Autobahn steht eine sieben Meter hohe Statue, die einem Comic-Helden Tribut zollt, den die meisten älteren Schweden kennen – der aber dem Großteil der Touristen oder jüngeren Einheimischen unbekannt ist.

Der fragliche Held ist das Phantom, das 1936 von Lee Falk (wahrscheinlich berühmter für seine andere Comicfigur, den Magier Mandrake) kreiert wurde.

Das Phantom ist im Dschungel eines fiktiven afrikanischen Landes beheimatet, und alle halten es für unsterblich. Nur seine Vertrauten in einem Stamm von Pygmäen wissen, dass das Kostüm tatsächlich seit 22 Generationen vom Vater an den Sohn weitergegeben wird. Wenn es eine Stadt besucht, verwendet es seinen Familiennamen (Mr. Walker, der auch eine Anspielung auf seine vermeintliche Unsterblichkeit ist: „der Geist, der geht") und trägt einen Hut und einen Mantel. Falks Held war der Vorläufer bekannterer Konkurrenten wie Superman (1938) und Batman (1939) und auch der erste, der eine Maske ohne sichtbare Pupillen trug, was später zum Superhelden-Markenzeichen wurde.

Die 2014 errichtete Statue des Phantoms in seiner Stadtkleidung wurde von dem Künstler Jan Håfström (geboren 1937 und viermaliger Vertreter Schwedens bei der Biennale in Venedig) angefertigt. Das Phantom tauchte immer wieder in seinen Pop-Art-Werken auf, aber dies ist seine erste dreidimensionale Version. Håfström beschreibt, dass die rennende Figur auch seinen eigenen Vater symbolisiert, der immer auf dem Sprung war. Es lässt sich auch eine Parallele zu den durch den Hauptbahnhof eilenden Menschen ziehen.

Die Skulptur besteht aus zwei lackierten, zusammengesetzten Aluminiumkonturen (Gewicht fast 2000 kg). Je nach Blickwinkel sieht es aus, als würde Mr. Walker entweder laufen oder hinfallen. Charakteristisch für den vereinfachten Stil des klassischen Phantom-Künstlers Wilson McCoy (1902–1961) ist das Karomuster auf dem Mantel der Figur streng vertikal/horizontal, unabhängig davon, wie sich das Kleidungsstück bewegt.

Das Phantom war in den USA nie sehr beliebt, wurde aber in Schweden zu einem großen Hit.

Seit den 1960er-Jahren haben Schweden einen beträchtlichen Teil der Comics geschrieben und illustriert. In den 1980er-Jahren waren eine blaue Phantom-Limonade und Phantom-Bonbons beliebt. Es gab sogar Milchpackungen mit dem Phantom (er ist völlig abstinent und bevorzugt Milch, wenn er Bars besucht), und über 20 Jahre lang existierte in Eskilstuna ein Phantom-Freizeitpark. Den Comic gibt es noch, aber heute mit einer bescheideneren Auflage.

DIE GEHEIMNISSE DES HAUSES ADELSWÄRD

(18)

Ein Wappen und eine ehemalige Baronskrone

Drottninggatan 2
Ein Privathaus, das nur von außen besichtigt werden kann
Metro-Station: Gamla Stan oder T-Centralen

Dieses herrliche im Jahr 1890 für den Baron und Industriellen Theodor Adelswärd (1860–1929) erbaute Haus ist schon lange nicht mehr im Besitz der Familie. Trotzdem prangt ihr Wappen immer noch an der Fassade, und über den Türgriffen ist die Baronskrone angebracht. Ursprünglich sollte es an einen venezianischen Palast erinnern, doch während der Planung überlegte man es sich anders. Am Ende kam eine bunte Interpretation schwedischer Barockarchitektur heraus. Theodor Adelswärd nutzte das Adelswärd-Haus nicht lange. Von 1907 bis 2019 beherbergte es nacheinander die dänische Botschaft, eine Bankfiliale und den Sitz einer Risikokapitalgesellschaft. 2019 kaufte der schwedische Staat es für 550 Millionen Kronen (ein Rekordpreis pro Quadratmeter für ein Bürogebäude in Stockholm). Und trotz der vielen verschiedenen Besitzer ist das Haus immer noch als Adelswärd-Haus bekannt. Ein interessanter Teil der Familiengeschichte rankt sich um den Skandal der sogenannten „schwarzen Messen“ (siehe Seite gegenüber).

Die schwarzen Messen des Baron Jacques

Der Name Adelswärd wurde 13 Jahre nach Fertigstellung des Hauses von einem unschönen „okkulten" Skandal beschmutzt. Theodor Adelswärds Bruder Adolf war Schwedens Militärattaché in Paris und verbrachte dort viel Zeit mit seinem jungen Verwandten Baron Jacques d'Adelsward-Fersen (1880–1923, man beachte die französierte Version des Familiennamens). 1902 kam Jacques nach Schweden. Er war ein extravaganter Dandy, der morbide Gedichte schrieb – aber das bereitete seine Verwandten nicht auf das vor, was noch kommen sollte. Im Sommer 1903 erhielt Theodor von Adolf die Nachricht, dass Jacques etwas Schreckliches getan habe. Er schrieb von „dem grauenvollen Skandal, in dem die Zeitungen nun schwelgen und in denen unser Name, über den Jacques Scham und Schande gebracht hat, in den Dreck gezogen wird". Die berüchtigte *Affaire d'Adelsward* drehte sich laut Presse um „schwarze Messen" – angeblich satanistische rituelle homosexuelle Orgien in Jacques Wohnung mit minderjährigen Jungen. Tatsächlich hat es sich wohl um eine Art *tableaux vivants* zum Thema Liebe/Tod (mit Rosen und Totenschädel) gehandelt. Zeitgenössische Experten zweifelten an den Satanismus-Theorien, aber die Presse blieb dabei, da sie gute Schlagzeilen hergaben. Auch schwedische Zeitungen berichteten genüsslich über den durch einen Adelswärd verursachten „Satanistenskandal", sehr zum Ärger der Adelsfamilie. Nach einem dramatischen Prozess endete Jacques schließlich im Exil auf Capri, wo er sich 1923 das Leben nahm – angeblich mit einer Überdosis Kokain in einem Glas Champagner.

DIE METRO-STATION KUNGSTRÄDGÅRDEN

(19)

Ein postmoderner Traum mit einem einzigartigen Ökosystem

Da diese Station sehr nahe am Hauptknotenpunkt T-Centralen liegt (wo sich alle Linien treffen), steigen für gewöhnlich nur jene hier aus, die an der blauen Metro-Linie wohnen. Aber dieser letzte Halt ist eine großartige Kunstinstallation und Heimat einer besonderen Flora und Fauna, deren Besuch sich allemal lohnt. Man kann mühelos eine Stunde in der Station verbringen, bewundert kleine Spinnen, besondere Moose und Pilze, seltsame Stalaktiten, bizarre Skulpturen und saugt einfach die unwirkliche, surreale Atmosphäre auf. Am besten lässt sich das am Abend eines Wochentages erleben, wenn wenige Passagiere vor Ort sind.

Zwischen 1643 und 1825 stand das prunkvolle Schloss Makalös („unvergleichlich") über der jetzigen Station. Es brannte im November 1825 ab. Dieser Tatsache wurde Tribut gezollt, indem man Abgüsse vieler Palastdekorationen in die U-Bahn-Station integrierte, als sie 1977 eröffnet wurde. So kann man zum Beispiel die Abgüsse von Fratzengesichtern (*mascarons*) entlang der Bahnsteigwände bestaunen.

Die Station schwelgt im postmodernen Bricolage-Stil. Fantasievoll aufgebaut, wie eine archäologische Grabungsstätte, läuft man oberhalb eines tiefen Grabens, in dem sich antike Säulen und Gebäudefragmente befinden, die vom Stadtmuseum bereitgestellt wurden, sowie ein Brunnen, wuchernder Efeu und zwei massive Gaslampen (aus dem alten Gaswerk auf der Torsgatan), in denen jetzt blaue Neonlichter leuchten. Auf jeder Seite des Grabens steht eine Statue, die Architektur und Malerei darstellen.

Die italienischen Maurer haben sich bei der Berechnung des Bodenmusters angeblich vertan, aber der Künstler Ulrik Samuelson (geboren

© Arild Vågen

1935) löste dies, indem er ein Ölfass hinzufügte, das über den Bahnsteig ausläuft – vielleicht eine Anspielung an den sowjetischen Öltanker *Tsesis*, der im Jahr 1977 das Meer vor Stockholm mit 1000 Kubikmetern Öl verschmutzte.

Mit größerer Gewissheit weiß man, dass die an die Decke gemalten Nuklearsymbole auf den Tschernobyl-Vorfall von 1986 anspielen, als der Wind gefährliche radioaktive Partikel bis nach Schweden trug. Eine Skulptur, die wie ein versteinerter Baumstamm aussieht, erinnert an den sogenannten „Ulmenkrieg" von 1971, als wütende Stockholmer mit der Polizei zusammenstießen und gegen die Abholzung von 13 100-jährigen Ulmen wegen des U-Bahnbaus protestierten (die Ulmen blieben). Drei Wächterstatuen, darunter der Kriegsgott, die an verschiedenen Orten in der Station stehen, sind Reproduktionen der Originale aus dem 17. Jahrhundert auf dem Dach des Ritterhauses und wurden ebenfalls unter die Erde verbannt.

Mit 29,3 Metern unter der Erde ist die U-Bahn-Station Kungsträdgården die tiefste in Stockholm und die einzige, deren Mauern aus vollständig unbearbeitetem Fels bestehen.

Ein außergewöhnliches Ökosystem

Die U-Bahn-Station Kungsträdgården beherbergt ein besonderes Ökosystem. Sie ist der einzige Ort in Nordeuropa, an dem man die zwei Millimeter große Spinne *Lessertia dentichelis* findet (vielleicht kamen sie mit den ausländischen Maschinen mit, die zum Bau der Station eingesetzt wurden). Sie wurde 1980 zufällig von einem Spinnenexperten entdeckt, der hier aus dem Zug stieg. Meist in Höhlen, Minen und Katakomben in südlicheren Ländern zu finden, genießt sie hier den Granit und das tröpfelnde Wasser der Metrostation. Im Jahr 2012 fanden Wissenschaftler das Tuffkuddmossa (*Eucladium verticillatum*), eine unbekannte Moosart, die in Stockholm seit den 1930er-Jahren nicht mehr gesichtet wurde. Und 2016 fand man an den Wänden einen bisher unbekannten Pilz mit einzigartiger DNA-Struktur.

Eines der letzten Rätsel sind die in den Tunneln entstandenen Stalaktiten. Sie bilden sich meist an Kalkstein- oder Marmorwänden (nicht an Granit, wie hier). Zurzeit gibt es dafür keine Erklärung.

© Arild Vågen

DER RÖDA RUMMET IM BERNS

20

Neogotischer Treffpunkt der Bohème

Näckströmsgatan 8
Wenn man an der Rezeption nett fragt, darf man normalerweise hinaufgehen und sich das Rote Zimmer ansehen (es sei denn, dort findet gerade eine Veranstaltung statt). Man kann es auch für Abendessen oder Events mieten
Metro-Station: T-Centralen

Einer der berühmtesten schwedischen Romane, *Röda Rummet* („*Das rote Zimmer*“, 1879) von August Strindberg (1849–1912), ist nach einem *chambre séparée* benannt, das damals bei jungen Bohemiens beliebt war. Das Zimmer ist noch erhalten, ebenso wie der Rest des Gebäudes und die Strindberg-Gesellschaft (Släktförening) hält dort am 22. Januar, dem Geburtstag des Autors, oft Versammlungen ab.

Sein Inneres zeugt für die im 19. Jahrhundert typische Vorliebe für das Mittelalter mit gotischer Architektur, kleinen Spitzbögen und Buntglasfenstern. Das Zimmer ist nur etwa 40 Quadratmeter groß und bietet Raum für 20 Sitzplätze. Bei Veranstaltungen wird es oft mit dem benachbarten Spiegelsaal (Spegelsalen) kombiniert, der weitere 70 Personen fasst.

Strindbergs Roman basiert auf wahren Ereignissen und Personen. Im Röda Rummet diskutierte der wütende junge Autor mit seinen Kollegen wirklich über Kunsttheorien und radikale Politik. Laut Roman diente er als Junggesellenclub für ganz Stockholm, wo man hinging, um zu trinken, zu rauchen und vor allem hitzige Debatten zu führen. Bei den heutigen Preisen dort erscheint es überraschend, dass mittellose Freidenker es sich leisten konnten, sich dort zu betrinken. Ähnliche und auch völlig unterschiedliche Menschengruppen gingen in den letzten über 140 Jahren hier ein und aus, und in den 1980er-Jahren lebte sein Bohème-Image neu auf. Heute findet man dort aber eher Corporate-Patrons.

Das Rote Zimmer befindet sich im Berns, das 1863 vom Unternehmer Robert Berns eröffnet wurde, um die traditionellen Unterhaltungsanbieter herauszufordern. Berns wollte sich durch Messerwerfer, Theater mit Affen als Schauspielern, chinesischen Feuerschluckern, dem Gewichtheber Strong Arvid, den arabischen Luftakrobaten Beni-Zug-Zug und Schwedens erster Cancan-Show profilieren. In den 1890er-Jahren zogen Jongleure, Zauberer und Entfesslungskünstler die Massen ins Berns. Später eröffnete dort Schwedens erstes chinesisches Restaurant, Berns Asiatiska. Im Laufe der Jahre wechselte das Berns oft seine Besitzer und erlebte Hochs und Tiefs, wobei es mehrmals beinahe oder auch tatsächlich pleite ging. Das Rote Zimmer ist noch immer ein exklusiver Teil des heutigen Berns (das Restaurants, Nachtclubs und ein Hotel umfasst) – ein Juwel für alle, die sich für Kultur- und Literaturgeschichte interessieren.

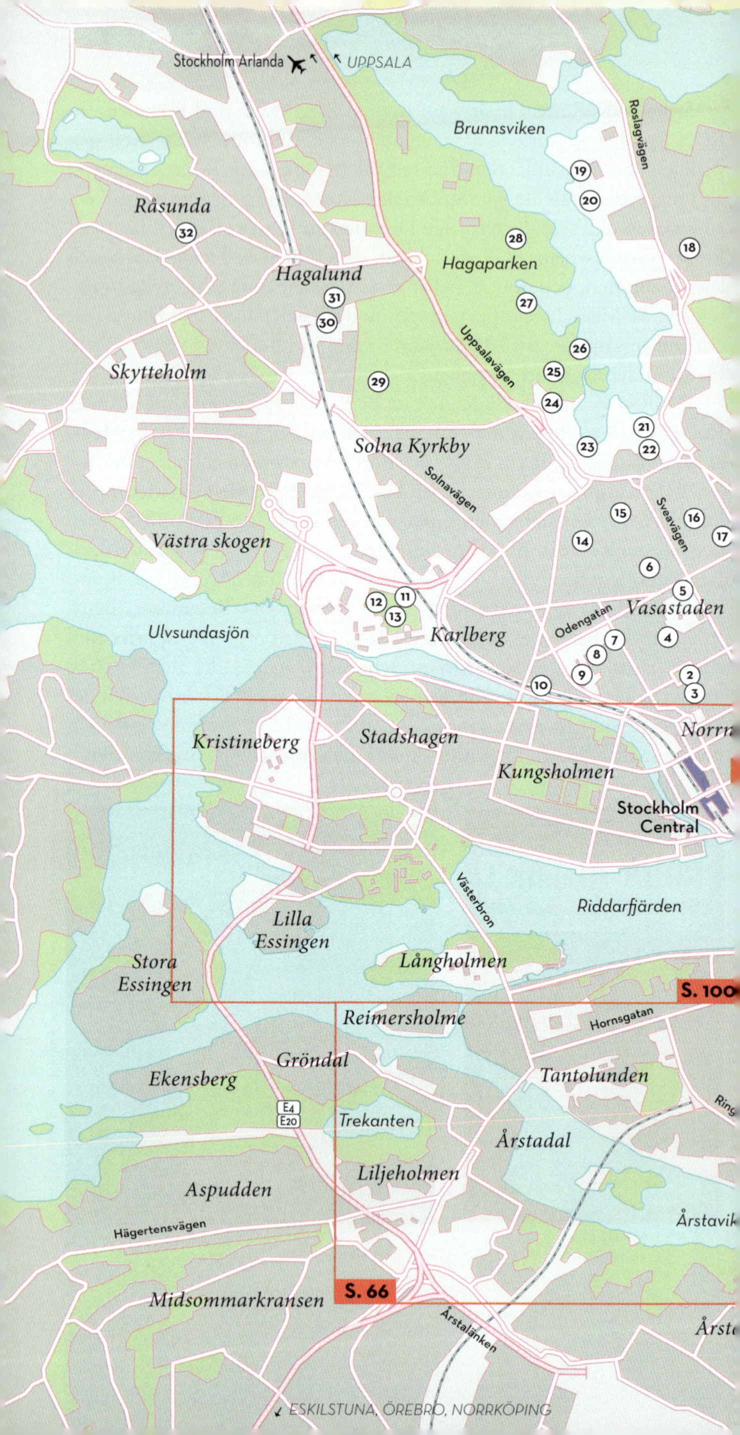
Stockholm Arlanda
UPPSALA
Brunnsviken
Roslagvägen
Råsunda
Hagaparken
Hagalund
Uppsalavägen
Skytteholm
Solna Kyrkby
Solnavägen
Sveavägen
Västra skogen
Vasastaden
Odengatan
Ulvsundasjön
Karlberg
Kristineberg
Stadshagen
Kungsholmen
Stockholm Central
Västerbron
Riddarfjärden
Lilla Essingen
Långholmen
Stora Essingen
S. 100
Reimersholme
Hornsgatan
Gröndal
Ekensberg
Tantolunden
E4
E20
Trekanten
Årstadal
Liljeholmen
Aspudden
Hägertensvägen
Midsommarkransen
S. 66
Årstalänken
ESKILSTUNA, ÖREBRO, NORRKÖPING
1 2 3 4 5 6 7 8 9 10 11 12 13 14 15 16 17 18 19 20 21 22 23 24 25 26 27 28 29 30 31 32

Der Nordwesten

DIE INSCHRIFT IM BRUNKEBERGSTUNNEL

①

„Tunnelkunst" im Brunkebergstunnel

Öffnungszeiten: 6–22 Uhr
Metro-Station: Hötorget oder Östermalmstorg

An der Wand des Fußgängertunnels Brunkeberg (Brunkebergstunneln) wurde eine mysteriöse, kurze Botschaft von einem Unbekannten in die Metallplatten gehämmert. Dieses Stück Straßenkunst (ober besser gesagt Tunnelkunst) stellt fest: „In meinem Leben tut sich ein Loch auf, in Form meiner 15-jährigen Schwester. Ich vermisse sie jeden Tag." Niemand weiß etwas über den Hintergrund der Nachricht.

Auch ohne diesen rätselhaften Text ist der Brunkebergtunnel einen Besuch wert. Der 231 Meter lange Tunnel zwischen Norrmalm und Östermalm ist in vielen Musikvideos und Filmen zu sehen. Nach Restaurierungen im Jahr 1997 wurde er durch die teilweise an den Wänden angebrachten glänzenden Metallplatten zu einem futuristischen Ort.

Zur Stoßzeit muss man gut aufpassen, da das Fahrradfahren im Tunnel erlaubt ist, was im sicherheitsfanatischen Schweden überrascht. Fußgänger müssen flink sein und auf die mit Aktentaschen bepackten Anwälte und Banker aus den umliegenden Büros achten, die mit ihren Fahrrädern in tödlichem Tempo durch die schmale Röhre rasen. Eine weitere Gefahr, die mürrische alte Männer dazu bringt, wütend ihre Regenschirme zu schütteln, sind die Skateboarder, die hier gerne ihr Ding abziehen.

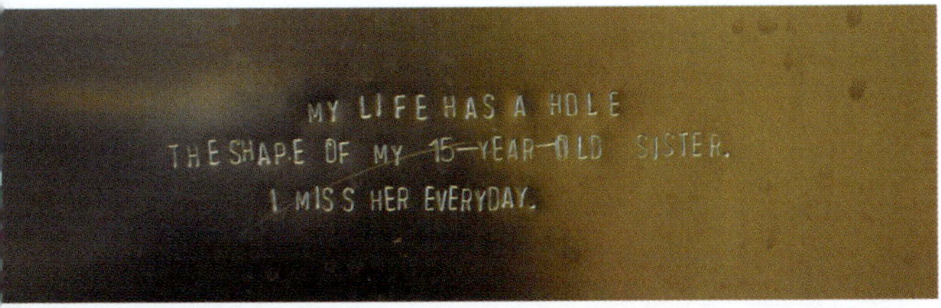

Der Tunnel wurde 1886 von König Oscar II. eingeweiht. Die Bauarbeiten waren beschwerlich. Doch zum Glück hatte der verantwortliche Ingenieur Knut Seve Lindmark die geniale Idee, den Kies auf dem Hügel einzufrieren, um zu verhindern, dass er ständig herunterrutschte und den Bauprozess behinderte. Um 1886 den fertigen Tunnel durchqueren zu können, musste man zwei Öre (0,02 schwedische Kronen) zahlen. Diese hohe Gebühr wurde erhoben, da das Bauprojekt viel teurer war als geplant (den Hang eines Hügels einzufrieren kostete Geld, vor allem in den 1880ern). Doch die Leute wollten nicht zahlen und erklommen stattdessen den steilen Hügel, wie sie es immer getan hatten. Der Tunnel wurde daher ein wirtschaftliches Fiasko. Heute ist die Durchfahrt kostenlos, und er wird häufiger genutzt.

Einzigartige Akustik

Mit seiner besonderen Form und den metallbedeckten Felswänden verfügt der Tunnel über eine einzigartige Akustik. Der Mandolinist Carl, der dort seit 25 Jahren seine Melodien spielt, beweist uns das fast täglich. Er ist, in Anerkennung seiner unerschütterlichen Musikalität, definitiv mehr als zwei Öre Ihres Kleingelds wert.

DIE SWEDENBORG-KIRCHE

2

Der erste schwedische Tempel, der dem berühmten Mystiker gewidmet ist

Tegnérlunden 7 – Metro-Station: Odenplan
Mittwochs 17–19 Uhr
Oft ist tagsüber jemand anwesend, der sie gerne hineinlässt

Die in den 1920er-Jahren erbaute Swedenborg-Kirche befindet sich neben dem winzigen Tegnerlunden-Park und gehört zu einer ganz besonderen Gemeinde, die sich einst im Geheimen treffen musste. Sie verfügt über viele interessante Dekor-Elemente, die ihre einzigartige Lehre widerspiegeln.

Die religiösen Ideen des Mystikers Emanuel Swedenborg (1688–1772) (siehe S. 158) wurden von der strengen Schwedischen Kirche lange verboten. Seine Bücher mussten in anderen Ländern gedruckt werden, seine Anhänger durften sich nicht versammeln oder organisieren.

Als die schwedischen Gesetze zur Religionsfreiheit gelockert wurden, begannen seine Anhänger, eine Kirche zu finanzieren und zu bauen.

An der Fassade befindet sich ein rot-blauer fünfzackiger Stern, der zu besonderen Anlässen beleuchtet wird. Beim Betreten der Kirche begegnet man gleich rechts einem Originalporträt von Swedenborg, das ihn als alten Mann zeigt – eines der wenigen Bilder, für die er tatsächlich Modell stand. An der Chorrückwand zeigt ein Wandbild sieben Engel und eine „spirituellen Sonne", als Symbol für Gottes Liebe, die wie eine Sonne am Himmel leuchtet.

Die drei Bögen hinter dem Altar stellen das in der Offenbarung des Johannes erwähnte, „neue Jerusalem" dar, die Stadt, die laut Swedenborg seine von Gott erhaltenen Lehren symbolisiert. Das Relief des Bildhauers Carl Fagerberg an der linken Seite zeigt einen Engel (ohne Flügel) sowie den auferstandenen Christus und Swedenborg selbst. Die Botschaft: Seine Lehren kommen direkt von Gott (auch wenn Swedenborg fast 30 Jahre lang regelmäßig Gespräche mit Engeln führte). Swedenborg war eigentlich ein bedeutender Gelehrter, und das Relief zeigt sein wissenschaftliches Instrument (ein quadratisches Werkzeug – das Anlass zu Spekulationen gab, da es ein häufiges Symbol der Freimaurer war), das jetzt, aufgrund seiner Berufung zu Höherem, überflüssig wurde.

Etwas jünger ist der spiralförmige Kerzenhalter links vom Eingang von Nils Sture Jansson. Die kleine goldene Kugel am unteren Ende der Spirale steht für die grenzenlose göttliche Liebe, die allen Menschen zuteilwird. Laut Swedenborg spielte die Spirale bei der Erschaffung der Welt durch Gott eine wichtige Rolle und ist somit die harmonischste aller Formen.

Oben gibt es eine schöne Forschungsbibliothek mit seltenen, alten Büchern und dem Holzmodell einer von Swedenborg erfundenen Flugmaschine.

Im kleinen Garten rechts vom Eingang steht eine Nachbildung des Swedenborg-Pavillons (siehe S. 262), in dem er angeblich mit Engeln sprach.

Mehr über Emanuel Swedenborg erfahren Sie auf Seite 264.

Swedenborgs Lehre

Swedenborg beschwor den historischen Niedergang des Christentums herauf. Die Heilige Schrift habe ihren „inneren Sinn“ verloren und das Leben der Christen sei ohne spirituelle Bedeutung. Seine Doktrin umfasst zwei wesentliche Aspekte. Der erste besagt, dass es einen Gott gibt, Jehova, der in Jesus Gestalt annahm, um die Menschheit zu erlösen. Der zweite ist die Verpflichtung, den zehn Geboten zu folgen. Laut Swedenborg müsse man, um das wahre Wort Gottes, die Bibel, zu verstehen, die Symbolik und die verborgene geistige Botschaft ihrer Texte kennen (wobei scheinbar triviale Teile Schlüssel zu großen Geheimnissen sind). Die Grundlagen seiner Theologie legt er in der *Arcana Coelestia* (*„Himmlische Geheimnisse“*) dar, die von 1749 bis 1756 in acht lateinischen Bänden veröffentlicht wurde. In einem Großteil dieses Werkes interpretiert er die Bibelpassagen von Genesis und Exodus und untersucht, worin seiner Ansicht nach ihr innerer spiritueller Sinn besteht. Swedenborg war davon überzeugt, dass die Bibel die Transformation des Menschen von einem materiellen zu einem geistigen Wesen darstellt, was er als Wiedergeburt beschreibt.

Er meint, dass der Schöpfungsmythos nicht die Erschaffung der Erde, sondern die Wiedergeburt des Menschen in sechs Schritten beschreibe, die durch die sechs Tage der Schöpfung repräsentiert würden. Alles, was sich in der Bibel auf die Menschen beziehe, beziehe sich letztlich auch auf Jesus Christus und darauf, wie er sich von materiellen Einschränkungen befreit habe, indem er sein Menschsein verherrlicht und es so göttlich gemacht habe.

Die *Himmlischen Geheimnisse* lehnen die Erlösung allein durch den Glauben ab (lateinisch: *sola fide*), da sowohl der Glaube als auch die Nächstenliebe dafür notwendig seien – das eine gebe es nicht ohne das andere – auch wenn die Reformatoren lehrten, dass der Glaube allein ausreiche. Ein Glaube, der allerdings zum Gehorsam führen sollte. Kurzum, Swedenborg kritisierte die *Sola-Fide*-Doktrin von Luther und anderen scharf. Seine Theorie des Prinzips der Entsprechungen zwischen der geistigen und der materiellen Welt gefiel dem französischen Dichter Baudelaire: Eines seiner Gedichte lautet *„Entsprechungen"*. Für Swedenborg sind die geistige und die natürliche Welt verbunden. Himmel und Hölle seien weder Lohn noch Strafe, sondern gewählte Zustände: Der Himmel sei ein Ort der Arbeit, des Altruismus und der Empathie und die Hölle des Individualismus, Hasses, Misstrauens und Machtstrebens. Der gehässige, machthungrige Mensch würde angsterfüllt vom Himmel in die Hölle zurückkehren, wo er besser hinpasse. Die Menschen befänden sich bereits hier und jetzt in der geistigen Welt, mit jenen im Gespräch, die sich in einem ähnlichen spirituellen Zustand befänden.

Im Buch *Himmel und Hölle* beschreibt Swedenborg, der behauptete hellsichtig zu sein und in die spirituelle Welt eintreten zu können (siehe S. 264), seine Besuche in Himmel und Hölle und berichtet über die dortigen Bedingungen. In der Struktur ähnelt dieses spätere Buch teilweise Dantes *Göttlicher Komödie*.

Abweichend vom damals aufkommenden Materialismus, steckt in Swedenborgs Denken ein tiefer Altruismus. Himmlische Freude, sagt er, entstehe aus nützlichem Wirken für sich selbst und für andere, während die Existenz der Engel darauf beruhe, sich in der einen oder anderen Form nützlich zu machen. Swedenborg argumentiert weiter, dass es sich bei der Dreifaltigkeit nicht um drei Personen handele, sondern um eine. Für ihn sei der Vater das göttliche Urwesen, der Sohn die menschliche Inkarnation dieser göttlichen Seele (der göttliche Mensch) und der Heilige Geist die göttliche Kraft (vom göttlichen Menschen). Er schreibt, dass die Dreipersonenlehre in der Dreieinigkeit im 4. Jahrhundert mit der Übernahme des nizänischen Glaubensbekenntnisses zur Bekämpfung des Arianismus entstanden, aber der ursprünglichen Apostolischen Kirche unbekannt sei.

Obwohl Swedenborg nie eine Kirche aufbauen wollte, wurde am 7. Mai 1787 in London die Neue Kirche nach den Vorstellungen Swedenborgs gegründet. Sie bildete Pfarrer und Missionare aus, die schließlich in die USA, nach Afrika und an viele andere Orte gingen. Swedenborg glaubte, dass die „afrikanische Rasse" „in größerer Erleuchtung sei als andere auf dieser Erde, da sie so sind, dass sie ‚innerlicher' denken und so Wahrheiten empfangen und anerkennen".

DIE LOGE DER TEMPELRITTER ③

Die enthaltsamen Ritter und ihre Mietloge

Kammakargatan 54–56
Privat. Aber man kann sich die Symbole an den Toren und den Informationsfilm ansehen, der auf einem Bildschirm in einem der Fenster auf Straßenebene (das auch einen Blick in den Hauptsaal erlaubt) in Dauerschleife gezeigt wird
Metro-Station: Odenplan

Unscheinbar in einer schmalen Seitenstraße und nicht öffentlich zugänglich liegt der Hauptsitz einer geheimen Bruderschaft, der Tempelritter (Tempel Riddare Orden). Man kann jedoch die schmiedeeisernen Tore bewundern, die das Symbol des Ordens, den neunzackigen Stern tragen.

Seine genaue Bedeutung scheint Teil der zentralen Lehren der Gruppierung zu sein, und eine ihrer Websites besagt, dass der Stern „das Wissen des Ordens über Wahrheit, Liebe, Reinheit und Treue enthält", und dass jene, „die ihre Zeit dem Guten widmen, den Schutz genießen, den das Symbol bietet".

Einer typischen Freimaurerstruktur folgend, mit Initiationsriten und einer bestimmten Anzahl an Graden, ist dieser Orden trotzdem anders: Im Zentrum steht der Verzicht auf Alkohol und Drogen (gewöhnliche Freimaurerversammlungen enden meist mit feuchtfröhlichen Abendessen). Die Aktivitäten des Ordens scheinen ansonsten meist denen der „normalen" Freimaurer zu ähneln, mit Aufnahmeritualen, geheimen Handgriffen und Passwörtern, rituellen Mahlzeiten usw. Nach den Fotos in den online verfügbaren Mitgliederpublikationen zu urteilen ist das Durchschnittsalter im Orden recht hoch, selbst nach Freimaurermaßstäben.

Wahrscheinlich aus wirtschaftlichen Gründen, da es wohl schwierig ist, neue abstinente Rekruten zu finden, vermietet der Orden seine Loge – insbesondere an okkulte Gruppen. So halten zum Beispiel eine rosenkreuzerisch-alchemistische Gesellschaft, ein Spiritistenbund und der Ordo Templi Orientis (ein magischer Orden, der auf den Lehren des britischen Okkultisten Aleister Crowley basiert – der, als selbsternannter „Drogenfeind", alles andere als abstinent war) dort Versammlungen ab.

Der Orden entsprang der US-Gruppierung Templars of Honor and Temperance, die sich 1845 von der älteren Bewegung Sons of Temperance abspaltete, angeblich wegen des Mangels an Ritualen bei letzterer. Die heutige Bezeichnung Tempelritter bezieht sich auf den militärischen Klosterorden gleichen Namens – der im Mittelalter Pilger im Heiligen Land schützen sollte, aber später der Ketzerei beschuldigt und aufgelöst wurde. Es gibt jedoch keine tatsächliche historische Verbindung.

Die neue Templer-Gruppe basiert auf „christlichen Werten" und ist nichtsdestotrotz nichtkonfessionell. Ihr Schwerpunkt liegt auf dem Verzicht von Rauschzuständen. Der Orden ist nur noch in Skandinavien aktiv, wo er im Jahr 1887 aufkam. Der Tempel von Stockholm wurde 1899 gegründet und hat heute etwa 140 Mitglieder, die sich 15 Mal im Jahr treffen. Das zwischen 1927 und 1929 erbaute Haus wurde eigens für ihre Zwecke errichtet.

DIE SAMMLUNG DES GEISTERSCHLOSSES

4

Eine geheime Kunstsammlung

Drottninggatan 116
Der Park ist öffentlich zugänglich
Das „Schloss" kann nur im Rahmen einer Führung besichtigt werden (auf Schwedisch oder Englisch). Anmeldung unter: su.se/om-universitetet/kultur-och-historia/konst-vid-stockholms-universitet/visningar
Metro-Station: Odenplan

Das um 1700 erbaute, sogenannte „Geisterschloss", ist eine wenig bekannte hochkarätige Sammlung älterer Kunst in Schweden, in der es angeblich spukt (siehe unten). Sein eigentlicher Name lautet Schloss Scheffler, da es vom Kaufmann Hans Petter Scheffler beauftragt wurde. Nachdem es mehrmals den Besitzer gewechselt hatte, wurde es 1924 der Universität Stockholm geschenkt (damals war das gesamte Viertel Teil des Campus und wurde als Quartier Latin Stockholms bezeichnet). Heute beherbergt es die Kunstsammlung der Universität und wird vor allem für Repräsentationsabende und interne Veranstaltungen genutzt.

Die Kunstausstellung umfasst wertvolle Teppiche und Möbel sowie rund 380 Werke von Meistern wie Pieter Bruegel dem Jüngeren, Jan Both und Giambattista Tiepolo. Es gibt auch eine Sammlung von Glasobjekten von Künstlern wie Simon Gate und Edward Hald aus der Glashütte Orrefors. Die ausgestellten Objekte dienen hauptsächlich Bildungs- und Forschungszwecken, werden aber nach Voranmeldung auch Gruppen gezeigt.

Die eisernen Tore des Geisterschlosses sind noch im Originalzustand und tragen Schefflers Monogramm.

Der Teufel, Schätze und Geister

Ende des 18. Jahrhunderts gehörte das Schloss einem Kaufmann namens Jacob von Balthasar Knigge. Knigge war ein versierter Geiger und Mitglied der Royal Academy of Music. Er war zudem ein strenger Mann und angeblich so grausam, dass, als er starb, der Teufel seine Seele in einem brennenden Wagen abholte, woraus ein lokales Sprichwort entstand: „Eines Tages nahm der Teufel Knigge mit." Im und um den Palast kam es zu seltsamen Phänomenen: Spiegel und Fenster gingen kaputt, man hörte geheimnisvolle Geräusche, Musik und Gesang. Oder man erzählte von unterirdischen Gewölben, wo Menschen zusammen mit Goldschätzen eingemauert seien. Die Vorstellung von geheimen unterirdischen Räumen könnte mit dem Einsturz eines Grabes am nördlichen Ende des Schlossparks in den 1840er-Jahren zu tun haben – vermutlich die baufällige letzte Ruhestätte des ursprünglichen Besitzers –, der dazu führte, dass der Sarg freigelegt wurde. 1907 landeten die nicht identifizierten Überreste aus dem Grab auf dem Adolf-Fredrik-Friedhof. Der Schlosspark heißt offiziell „Geisterpark" und beherbergte einst eine Orangerie, einen Pavillon und andere kleine Gebäude. Heute ist nur noch der Pavillon erhalten. Den zweiten Stock und das luxuriöse Interieur gibt es nicht mehr.

DAS VORLESEZIMMER

⑤

Ein weltferner Ort für Märchen

Sveavägen 73
Das Zimmer kann während der Öffnungszeiten der Bibliothek besichtigt werden: Montag bis Freitag 10–20 Uhr, Samstag und Sonntag 10–16 Uhr
Metro-Station: Odenplan or Rådmansgatan

Das gut erhaltene Vorlesezimmer hinter der Kinderbuchabteilung der Stockholmer Stadtbibliothek (1928 eröffnet) zu betreten, bedeutet die Alltagswelt hinter sich zu lassen. Während die dunkle Treppe, die zur hellen Eingangshalle der Bibliothek führt, einen Weg zur Erleuchtung durch Wissen symbolisiert, repräsentiert das schwach beleuchtete Vorlesezimmer die Dämmerwelt der Fantasie, in der alles geschehen kann. Sein auffälligstes Merkmal ist das postimpressionistische Wandbild des Sandmanns von Nils von Dardel (1888–1943) – sein einziges öffentliches Werk.

Der Sandmann, der als blasser Junge in grünem Schlafanzug und roter Mütze erscheint, schwebt in der Luft und trägt einen gigantischen Regenschirm, der innen mit einer rot-gelben Darstellung des Heiligen Georg mit dem Drachen verziert ist. Unter ihm liegt ein androgynes Kind im Gras und schläft. Letzteres ähnelt verblüffend der Hauptfigur in Dardels berühmtestem Gemälde, dem ikonischen *Döende Dandy* („*Sterbender Dandy*“, 1918), was dem Wandbild eine gewisse Morbidität verleiht.

Um den Jungen herum tanzen, reiten und kämpfen eine Vielzahl liliputanischer Märchenfiguren. In der rechten unteren Ecke geht ein König Arm in Arm mit einer Katze.

Man sagt, dass der König ein Porträt von Dardels damaligem Schwiegervater, dem Wissenschaftler und Entdecker Axel Klinckowstrom, sei. Einige der anderen kleinen Figuren basieren angeblich auch auf Personen aus der damaligen Stockholmer Oberschicht.

Das Stuccolustro-Gemälde war für einen Künstler mittleren Alters mit Herzbeschwerden ziemlich harte Arbeit (nicht zuletzt, weil er ein starkes Alkoholproblem hatte und es trotz seines Herzleidens schwierig fand, sich vom Stockholmer Nachtleben fernzuhalten). Die Wände waren so kalt, dass sie ihm Atembeschwerden und Schmerzen im Rücken und in der Brust verursachten.

Nachdem er das Bild beendet hatte und nach Paris zurückgekehrt war, stellte man fest, dass er 40 Grad Fieber hatte und an einer Lungenentzündung litt, die ihn fast umbrachte. Dies könnte die Intensität des Wandbildes und die Nähe zum Tod beeinflusst haben, die irgendwie darin mitschwingt: Es erinnert zweifellos an traditionelle Sterbebettdarstellungen, bei denen phantasmagorische Figuren den Sterbenden bedrängen.

Dardels Auftreten in der Öffentlichkeit war das eines dekadenten Dandys, seine Bisexualität weithin bekannt. Sein Werk wurde von den Nazis in Deutschland als „entartete Kunst“ zerstört. Es erscheint daher fast komisch, dass eine von Drag Queens abgehaltene Erzählstunde in diesem Zimmer vor einigen Jahren für enorme Empörung sorgte. Vielmehr scheint es der logischste Ort in der ganzen Stadt für solch ein Ereignis zu sein.

DIE ANTHROPOSOPHISCHE BIBLIOTHEK ⑥

Esoterische Bibliothek und Kurszentrum

Hagagatan 14 – Metro-Station: Odenplan
Montag und Samstag 13:30–15:30 Uhr, manchmal auch mittwochs, 16–18 Uhr

Die Anthroposophie ist eine Form der Esoterik, die vom österreichischen Akademiker, Hellseher und Utopisten Rudolf Steiner (1861–1925) gegründet wurde. In einer Seitenstraße in der Nähe des Verkehrsknotenpunkts Odenplan können Sie mit dem Besuch der Anthroposophischen Bibliothek an ihren Geheimnissen teilhaben.

Beim Betreten werden Sie die vielen Pastellfarben und das spezielle Design vieler Objekte, ohne scharfe Kanten, überraschen.

In einem prominent platzierten handgeschnitzten Rahmen neben den Bücherregalen, in typisch anthroposophischem Design, sieht Rudolf Steiner mit intensivem Blick die Besucher an.

Die lila Tischdecken auf dem Lesetisch passen zu dem großen Amethyst in einer Nische darüber.

Die Bibliothek befindet sich seit einigen Jahrzehnten an ihrem heutigen Standort und wird vom Stockholm-Zirkel betrieben (dessen Zweck es ist, „gemeinnützige anthroposophische Aktivitäten im Raum Stockholm zu initiieren, durchzuführen, zu koordinieren und zu unterstützen"), einer wirtschaftlich unabhängigen Gruppe innerhalb der Anthroposophischen Gesellschaft.

Die Buchsammlung umfasst vor allem anthroposophische Werke (wie vollständige Ausgaben aller Werke von Steiner, die auf Schwedisch veröffentlicht wurden, zum Gebrauch in Studienkreisen), aber auch Bücher zu verschiedenen anderen mystischen Themen.

Mehrere pensionierte Anthroposophen arbeiten ehrenamtlich als Bibliothekare, und jeder kann sich Bücher ausleihen und an Aktivitäten teilnehmen. Es gibt auch eine kleine Antiquariatsabteilung, in der man gebrauchte Bücher auf Schwedisch, Deutsch und Englisch kaufen kann.

Geht man ein paar Stufen nach unten, befindet sich dort ein großer Tagungsraum mit rosa Wänden, in den Licht aus einem großen Oberlicht strömt. Er wird für ein ambitioniertes Programm an Vorträgen, künstlerischen Aktivitäten, Kursen und Studienkreisen genutzt. So gibt es beispielsweise Einführungskurse in die Anthroposophie, Kurse im Choreocosmos: „Kosmischer und Heiliger Tanz", Musikabende und Mittagskurse in Eurythmie (die von Steiner und seinen Mitarbeitern entwickelte Bühnenkunst), aber auch Ausstellungen anthroposophischer Kunst.

Die Anthroposophie hat Schweden sehr geprägt, vor allem durch die biodynamische Landwirtschaft und die Waldorfschulen. Aber innerhalb der Lehre gibt es auch einen auf geistige Entwicklung ausgerichteten Ansatz, der in der Bibliothek vielleicht etwas stärker betont wird als an anderen Orten.

Mehr über Steiner und die Anthroposophie erfahren Sie auf der folgenden Doppelseite.

Was ist Anthroposophie?

Die vom Österreicher und Okkultisten Rudolf Steiner (1861–1925) gegründete Anthroposophie – von griechisch *anthropos* („Mensch") und *sophia* („Weisheit") – ist eine Bewegung, die die Existenz einer der menschlichen Erfahrung zugänglichen geistigen Welt postuliert. Steiner hoffte, mit ihr dazu beizutragen, den Einzelnen von jeder äußeren Autorität zu befreien. Laut Steiner ermöglichte die menschliche Fähigkeit zu rationalem Denken dem Einzelnen, selbst geistige Erkenntnisse zu erzielen und so der Abhängigkeit von Autoritäten wie ihm zu entkommen.

Steiners spirituelle Erfahrungen begannen bereits in der Kindheit, darunter eine Begegnung mit dem Geist eines toten Verwandten im Alter von neun Jahren. Als Erwachsener war er ein angesehener Intellektueller, promovierte über den idealistischen Philosophen Johann Gottlieb Fichte (1762–1814) und etablierte sich als Experte für Johann Wolfgang von Goethe (1749–1832).

Viele waren überrascht, als er Leiter der deutschen Sektion der Theosophischen Gesellschaft wurde. Die Theosophie, 1875 in den USA gegründet, vertritt die Idee, dass alle Religionen einen wahren Kern teilen und der Mensch paranormale Kräfte entwickeln kann. Sie spricht von einer kosmischen Evolution, die sich auf die spirituelle Ebene bezieht, und stützt sich dabei auf alte okkulte Ideen und später auf indische Konzepte wie Reinkarnation und Karma.

Steiner kritisierte den zunehmend fernöstlichen Fokus in der Theosophie. Die endgültige Abspaltung erfolgte, als Annie Besant, damals Präsidentin der Theosophischen Gesellschaft, den jungen Jiddu Krishnamurti als wiedergeborenen Christus präsentierte.

Steiner lehnte jeden Vergleich zwischen Krishnamurti und Christus als Unsinn ab; viele Jahre später wies Krishnamurti die Behauptung ebenfalls zurück. Steiner sagte sich 1912/1913 schließlich los und gründete die Anthroposophische Gesellschaft. Dort legte er den Schwerpunkt auf westliche, christliche Symbole und hob die Rosenkreuzer-Tradition als wichtiges Beispiel dafür hervor.

Wie viele theosophische Anführer behauptete Steiner, hellsichtig zu sein, d. h. verborgene Dinge zu sehen. Außerdem könne er die Akasha-Chroniken lesen, eine Art Bibliothek in der Geisterwelt, die Informationen über alles Vergangene und Zukünftige enthalten würde. Daraus zog er Wissen über die verlorenen Zivilisationen von Lemurien und Atlantis sowie andere Dinge. Steiner behauptete wie Swedenborg (siehe S. 158) und andere Spiritisten, in seiner geistigen Vision andere Planeten besucht zu haben. Er beschrieb einen Weg der inneren Entwicklung, der jeden zu vergleichbaren spirituellen Erfahrungen führen könne und meinte, spirituelle Visionen könnten zum Teil durch rigorose ethische und kognitive Selbstdisziplin, Konzentration und Meditation entwickelt werden. Steiner glaubte, die spirituelle Entwicklung eines Menschen könne erst nach einer Phase moralischer Entwicklung stattfinden. Er war sehr produktiv: Seine gesammelten Werke umfassen etwa 400 (!) Bände. Er sprach von seiner Lehre als „Geisteswissenschaft", kritisierte aber gleichzeitig die Naturwissenschaften für ihren Materialismus. Jeder könne Hellsehen und Geisteswissenschaft erlernen, betonte er. Und im Gegensatz zur Theosophie würde seine Anthroposophie nicht auf geheimen „Meistern" oder auserwählten Personen beruhen.

Die Anthroposophie hatte vor allem durch ihre praktische Ausrichtung Erfolg.

Sie umfasste biodynamische Landwirtschaft, Alternativmedizin (der heutigen anthroposophischen Bewegung gehört die berühmte Marke Weleda) und natürlich die Waldorfschulen. Hier spielen Handwerk und künstlerischer Ausdruck eine wichtige Rolle.

Es entwickelte sich auch ein besonderer Architekturstil mit weicher, organischer Optik, der auf Einflüsse wie den Jugendstil und später den Expressionismus zurückgriff. Heute hat die Anthroposophische Gesellschaft ihren Hauptsitz im Goetheanum in Dornach in der Schweiz, das ein spektakuläres Beispiel für diese Architektur ist.

Die Anthroposophie beeinflusste einige bekannte Leute: unter anderem die Maler Piet Mondrian und Wassily Kandinsky, den Filmemacher Andrei Tarkowski und die Kinderpsychiaterin Eva Frommer.

© Holger.Ellgaard

DAS EASTMAN-INSTITUT

7

Auffällig funktionelle Innenräume

Dalagatan 11
Montag, Mittwoch und Donnerstag 7:30–17 Uhr, Dienstag 7:30–18 Uhr, Freitag 7:30–15 Uhr. Am Wochenende geschlossen
Während der Öffnungszeiten kann man den Großteil des Gebäudes besichtigen.
Metro-Station: Odenplan oder St. Eriksplan

Das Eastman-Institut wurde zwischen 1932 und 1936 von George Eastman (1854–1932), dem amerikanischen Erfinder und Philanthropen sowie Gründer der Firma Kodak, finanziert und ist ein funktionalistisches Juwel mit vielen witzigen Details, die es zu bestaunen gilt.

Eastman spendete damals eine Million Dollar, eine erstaunliche Summe, da er allen Stockholmer Kindern die Chance geben wollte, bei Zahnproblemen und Hals-Nasen-Ohren-Beschwerden behandelt zu werden. Dies war eine von mehreren Spenden, angefangen bei einem Zahnarztzentrum in Rochester in den USA im Jahr 1917.

Heute behandelt das Stockholmer Eastman-Institut Kinder und Erwachsene, die spezielle Zahnbehandlungen benötigen.

Der kastenförmige Bau mit seinem massiven Marmoreingang wirkt recht düster. Auch das Innere ist, typisch funktionalistisch, eher schmucklos. Allerdings sind die vier herrlichen Schaukelpferde ein Lichtblick, die in ihrer originalen (oder zumindest alten) Farbe und mit abgenutzten Kanten erhalten sind. Suchen Sie auch nach der großen Bronzestatue einer Mutter, die ein Kleinkind hält, das nach seinem Beißring greift.

Die alte Rezeptionskabine aus Holz, Glas und Chrom wurde in eine Vitrine für Spielzeug aus den 1930er-Jahren umgebaut, mit dem sich Kinder die Zeit vertreiben konnten. Das Spielzeug dreht sich auf einer Art Karussell, das perfekt zur abgerundeten Form des kurzen Vitrinenendes passt. Daneben steht, am Boden fixiert, ein futuristisches Holzauto aus den 1930er-Jahren, in das sich die Kinder hineinsetzen konnten.

Einige der geräumigen Zimmer wurden in kleinere Einheiten unterteilt. Obwohl aus praktischer Sicht verständlich, beraubt sie das ihrer beabsichtigten Pracht. Die Architekten haben zumindest ihr Bestes getan, um, durch den Einsatz von Glastüren und Glaseinsätzen in den neuen Wänden den ursprünglichen Lichtfluss zu erhalten.

Durch die Glastür eines Konferenzraums sieht man ein großes Wandbild, das Mors lilla Olle (Mutters kleinen Olle) zeigt, einen Jungen, der einen Bären mit Blaubeeren aus seinem Korb füttert, aus einem bekannten schwedischen Kinderlied von Alice Tegner aus dem Jahr 1895. In der rechten unteren Ecke ist Olles Mutter, die vor Angst weint und das, was ihr Junge für einen großen, freundlichen Hund hält, verscheuchen will. Links auf dem gleichen Wandbild ist das Rotkäppchen abgebildet, alles im hübschen Stil der 1930er-Jahre.

Selbstmord, um einer Behinderung zu entgehen ...

Als mit dem Bau 1932 begonnen wurde, hatte sich Eastman ein paar Monate zuvor ins Herz geschossen, da er an einer Wirbelsäulenerkrankung litt, die ihn an den Rollstuhl gefesselt hätte.

DER SINNESGARTEN

⑧

Ein therapeutischer Garten

Eastmanvägen 29
Montag bis Donnerstag 8–16:30 Uhr, Freitag 8–16 Uhr
Metro-Station: Odenplan oder St. Eriksplan

Hinter dem ohrenbetäubenden Wahnsinn des Spielplatzes im Vasaparken liegt ein kleiner, ruhiger Garten, der, durch einen Zaun und eine Hecke abgetrennt, sowohl botanische als auch architektonische Wunder bietet. Er wurde zwischen 1992 und 1996 von der Ergotherapeutin Yvonne Westerberg (in Zusammenarbeit mit dem Landschaftsarchitekten Ulf Nordfjell) geschaffen und war vor allem zur Behandlung von Demenzpatienten konzipiert.

Dieser Ansatz, so wird behauptet, stützt sich auf Ideen, die bis zu den alten Griechen wie Hippokrates (der angeblich einen riesigen medizinischen und therapeutischen Garten errichtete) und die Nutzung von Klostergärten im Mittelalter zurückreichen. Krankenhausparks und -gärten wurden im 18. und 19. Jahrhundert populär, als man glaubte, dass sich Krankheiten über das sogenannte Miasma ausbreiteten, weshalb Spaziergänge an der frischen Luft äußerst wichtig waren. Als die Medizin auf modernere Methoden wie Impfstoffe setzte, wurde das Konzept der Natur als Therapieform als Aberglaube betrachtet.

In den letzten Jahren ist es jedoch wieder in Mode gekommen.

Demenzpatienten scheint die Stimulation der Sinne, die der Garten bietet, zu helfen. Unter den alten Kastanienbäumen führen geschwungene, mit Rinde bedecke Wege vorbei an kleinen Obstbäumen, verschiedenen Kräutern, Hopfen, Rosen, Tulpen, Lilien, Clematis, Erdbeeren, Brombeeren, Rhabarber und einem kleinen Teich. Eines der schönsten Details ist ein Pavillon aus dem Jahr 1784, der von einem anderen Ort hierhergebracht wurde. Da viele der Patienten, die hier ihre Zeit verbringen, in der traditionellen Agrargesellschaft aufgewachsen sind, wurden auch davon einige Elemente miteinbezogen. So zum Beispiel eine mit Heu gefüllte Heuraufe. Wäsche, die an einer Wäscheleine hängt (und ein Waschbrett, das an einen Baum daneben gelehnt ist) ist ebenfalls vorhanden. Und das alles, um bei älteren Menschen Kindheitserinnerungen zu wecken, damit sie sich entspannen und ihr Gedächtnis angeregt wird.

Ein Ort der Ruhe

Der Garten ist öffentlich zugänglich und der perfekte Ort, um zur Ruhe zu kommen. Aber natürlich sollten Sie den Erholungsfaktor des Projekts respektieren und mit gedämpfter Stimme sprechen, wenn Sie in einer Gruppe unterwegs sind. Und schalten Sie das Handy aus.

DIE SABBATSBERGS KYRKA ⑨

Ein seltsamer Altar in einem ehemaligen Gasthaus

Eastmansvägen 36
svenskakyrkan.se/gustav-vasa-forsamling/sabbatsbergs-kyrka
Geöffnet während des Gottesdienstes dienstags von 11–12 Uhr und gelegentlich für Konzerte, Seminare und andere Veranstaltungen
Metro-Station: St. Eriksplan

Der Sabbatsberg ist heute für die meisten unbekanntes Terrain. Seine gut erhaltenen Gebäude bieten jedoch einen interessanten Einblick in die Geschichte Stockholms. Die auf dem Hügel gelegene Sabbatsberg-Kirche gilt als die älteste erhaltene Holzkirche der Stadt. Sie hat auch einen ganz besonderen Altarraum: Die Kanzel steht direkt über dem Altar und nicht seitlich davon, wie es in anderen Kirchen der Fall ist.

Er wurde so eigenartig gebaut, weil die Kirche ursprünglich ein aus dem Jahr 1717 stammendes Gasthaus war, das von einem gewissen Valentin Sabbath (daher der Name) betrieben wurde und die ursprüngliche Architektur diese unkonventionelle Lösung erforderlich machte, als es in ein Gotteshaus umgewandelt wurde. Warum hat man es dann nicht abgerissen und durch eine richtige Kirche ersetzt? Nun, weil das Gotteshaus nicht für eine gewöhnliche Gemeinde bestimmt war, sondern für die Ärmsten der Armen. Zwischen 1760 und 1761 wurden die Armenhäuser aller Stadtkirchengemeinden hierher verlegt, damit die Armen in der Innenstadt niemandem durch Betteln auf die Nerven gehen konnten. Dies spiegelt sich in den beiden Glocken der Kirche aus dem 18. Jahrhundert wider, die am benachbarten Nicolai-Haus montiert sind. Eine davon trägt eine Inschrift: „Da detta fattighus at arma skanker foda, sa skanker naden ljus at andligt doda" („Wenn dieses Armenhaus den Notleidenden Brot gibt, dann bringt die Gnade den geistig Toten Erleuchtung").

An die Kirche angeschlossen ist ein rotes Holzhaus, das möglicherweise als Schlafsaal für die Gäste des Gasthauses genutzt wurde und heute als Sakristei dient (im oberen Stockwerk, mit separatem Eingang über eine außen liegende Holztreppe, befindet sich das Atelier eines Ikonenmalers).

Früher gab es auch einen Friedhof mit einer Grabkapelle, die in den 1880er-Jahren abgerissen wurde, als man das Klara-Gaswerk erweiterte. Sie wurde durch eine neue Kapelle sowie eine Leichenhalle ersetzt, die heute als Büroflächen für verschiedene Kreativunternehmen genutzt werden.

Damals, zur Zeit der Armenhäuser, bedeutete das Vorhandensein einer Heilquelle auf dem Hügel, dass sowohl Reiche als auch Arme sich dort bewegten. Die Reichen konnten luxuriöses Gebäck und Süßigkeiten in einer Bäckerei kaufen oder kegeln gehen, während die Armen oft stark unterernährt waren. Aber zumindest hatten sie begrenzten Zugang zur Heilquelle.

Die 1734 vom Apotheker Johan Julius Salberg errichtete Quelle blieb bis 1968 in Betrieb, obwohl sie bereits in den 1880er-Jahren so gut wie ausgetrocknet war.

DIE GASSE UNTER ST. ERIKSBRON ⑩

Die dunkelste Gasse Stockholms, Drehort mehrerer Filme, TV-Serien und Musikvideos

Atlasmuren 22
Die Gasse ist mit einem Zaun versperrt, aber sie ist zu jeder Tageszeit gut einsehbar
Metro-Station: St. Eriksplan

Unter der Hauptbrücke zwischen Vasastan und Kungsholmen liegt eine schäbige Gasse, die in der sauberen und aufgeräumten Innenstadt einzigartig ist. Aus diesem Grund wurde sie als Drehort für mehrere Filme, TV-Serien und Musikvideos genutzt (in der Regel für Szenen mit Drogenhandel, Prostitution und anderen illegalen Aktivitäten – oder als Double für eine typisch amerikanische Stadt).

Dennoch kennt sie kaum jemand, der nicht aus der unmittelbaren Nachbarschaft stammt, da sie sehr geschützt und verborgen liegt.

Lange Zeit stand dort ein völlig zertrümmertes Autowrack, was zu seinem Slum-artigen Ambiente beitrug, das eher in das New York der 1980er als nach Stockholm passte.

Die Wände der Gasse sind mit Graffiti und Resten von Street-art-Plakaten bedeckt. Neue Kunstwerke kamen allerdings seit 2015 kaum mehr dazu, als die Stadt beschloss, die Gasse mit einem Zaun zu versperren (das Tor im Zaun steht jedoch oft offen). Man glaubte, dies sei eine breitere Kampagne gegen Obdachlose, die dort ihr Lager aufschlugen. Doch der wahre Grund waren die Feuer, die in der Gasse entzündet wurden. Sie hätten die gesamte Brücke gefährdet, wenn die Festigkeit der Stahlträger, die sie stützten, beeinträchtigt worden wäre.

Außerdem galt er als beliebter Ort der Urban-Explorer-Szene, die sich dort möglicherweise in Gefahr gebracht hätten. Konkret führte früher in der inneren linken Ecke der Gasse eine verrottete kleine Holztreppe zu einer Tür, die in einen Tunnel mündete, der Stromkabel für die U-Bahn enthält (von denen einige schlecht isoliert und daher ziemlich gefährlich sind). Auf der rechten Seite der Gasse befand sich früher ein Plattenladen namens Diamond Records, der sicherlich der versteckteste Laden der Stadt war.

Auch wenn man in der Gasse nicht mehr frei herumspazieren oder Unfug treiben kann, lohnt sich ein Besuch dennoch, um Werke von Straßenkünstlern wie Akay, Hop Louie und Brat Punisher durch den Zaun zu sehen (oder, wenn Sie Glück haben, aus der Nähe, wenn das Tor offen ist).

Es ist auch ein Ort mit symbolischer Bedeutung, einer der letzten Flecken verführerischen Verfalls. Die Geräusche der U-Bahn, die oben vorbeirauscht, das Wasser, das von der Brücke tropft und die furchterregende Dunkelheit der Gasse, in der die Zeit stehengeblieben zu sein scheint, sorgen für eine ganz besondere Atmosphäre.

POMPES GRAB

(11)

Letzte Ruhestätte eines loyalen und königlichen Hundes

Karlberg Park – Hinter dem Schloss Karlberg
Geöffnet während der Öffnungszeiten des Parks (täglich von 6–22 Uhr)
Metro-Station: 15 Gehminuten von der Station St. Eriksplan entfernt

Versteckt im Karlberg Park steht ein kleiner mit einer Bronzekette umgrenzter Grabstein. Sonst gibt es keine Gräber, weshalb der Anblick zuerst seltsam erscheint. Doch bei genauerem Hinsehen wird deutlich, dass dies in der Tat kein gewöhnliches Grab ist. Die Inschrift auf dem unscheinbaren Stein lautet: „Hier liegt Pompe, der Hund von König Karl XII., begraben im Jahre 1699."

1695 brannte das Königsschloss Tre Kronor in der Altstadt ab, und Karl (1682–1718) wuchs auf dem Schloss Karlberg auf. Als Pompe starb, war Karl 17 Jahre alt und schon seit zwei Jahren König. Der später als großer Kriegerkönig bekannte Regent liebte Tiere und nahm seine Hunde immer auf seine Feldzüge mit.

Karl hatte Unterricht in Latein und klassischer Kultur. Also könnte der Name Pompe von Pompeius (Gnaeus Pompeius Magnus), dem berühmten römischen General, stammen. Da der König einen seiner anderen Hunde Cäsar nannte (dessen politischer Verbündeter Pompeius war, obwohl sie später Feinde wurden), scheint diese Theorie plausibel.

Allerdings gab er anderen Hunden humorvolle Namen wie Turk oder Snushane („Snusmännchen"), was die alternative Theorie stützt, dass der Name von „Pomp und Pracht" abgeleitet ist. So oder so, der König mochte diesen Namen, da er ihn noch zwei späteren Hunden verlieh. Pompe Nr. 2 starb 1703 während eines Feldzugs in Polen und Nr. 3 unter ähnlichen Umständen 1714 in Ungarn, was bedeutet, dass keiner der beiden in Stockholm begraben wurde.

Die Grabstätte ist oft mit Blumen und manchmal mit unerwarteten Dingen geschmückt – wie einem an die Kette gehängten Wunderbaum. Einige Male wurde sie auch verunstaltet, wahrscheinlich weil alles, was mit Karl XII. zu tun hat, auch umstritten ist. Er ist bei Neonazis sehr beliebt, die ihn als Symbol für Schweden als Kriegsnation betrachten.

Er war aber auch durchaus ein multikultureller Monarch, der nach seinen Reisen in die Türkei (vermutlich) türkische Gerichte in Schweden einführte, neun Sprachen sprach (mit unterschiedlichem Kenntnisstand), und zum ersten Mal in der Geschichte des Landes Juden und Muslimen erlaubte, sich niederzulassen und ihre Religion auszuüben.

Ein Gedicht für einen Hund

Es gibt ein zeitgenössisches Gedicht von Israel Holmstrom (1661–1708), das erzählt, wie der Hund jede Nacht im Bett des Königs schlief und dann zu seinen Füßen starb, müde vom Alter und vom Reisen – um dann zu erklären, dass viele stolze, schöne Mädchen gerne so leben würden wie Pompe es tat (im Bett des Königs schlafen), während tausend Helden sich danach sehnten, wie er zu sterben.

DER STEIN DES HOHEN RATES ⑫

Eine kryptische Markierung für Militärtraditionen

Karlberg Park
Hinter dem Schloss Karlberg
Kann während der Öffnungszeiten des Parks besichtigt werden (6–22 Uhr)
Metro-Station: 15 Gehminuten von der Station St. Eriksplan entfernt

Hinter dem Schloss Karlberg trägt ein riesiger Felsen, versteckt zwischen den Bäumen des Karlberg-Parks, ein rätselhaftes Ornament: ein riesiges Eisenmonokel mit einer Kette.

Es sieht so aus, als ob der Felsen selbst ein gewaltiges Auge wäre oder ein Riese auf dem Weg durch den Park sein Monokel fallen gelassen hätte. Die Inschrift darauf ist für den beiläufigen Passanten ziemlich geheimnisvoll. Dort steht: „Der hohe Rat 1896–1996".

Nichts weiter, auch keine Erklärung, was dieser Rat regelt.

Der mysteriöse hohe Rat ist jedoch nicht irgendeine zwielichtige Illuminatentruppe, die einen spannenden Hinweis auf ihre Aktivitäten hinterlassen hat, sondern der Kadettenrat der nahegelegenen Karlberg-Militärakademie.

Als weltweit älteste Bildungseinrichtung dieser Art (die in ihren ursprünglichen Gebäuden, und am ursprünglichen Gründungsort untergebracht ist) verfügt die Akademie über mehr als nur ein paar archaische Traditionen – darunter eine eigenartige interne Ratssprache (die *Carlbergiana*), basierend auf dem Stockholmer Dialekt des 19. Jahrhunderts und Militärjargon. In *Carlbergiana* werden auch ganz gewöhnliche Wörter auf eigene Art buchstabiert.

Der Rat wird von den „Vier Mächtigen" geleitet, die von den Studenten demokratisch gewählt werden, sein oberster Anführer ist „Der mächtigste Mann" (oder jetzt die mächtigste Frau), der/die ein besonderes Schwert trägt, das bei Ritualen zur Verwendung kommt.

Es gibt noch verschiedene andere Funktionen innerhalb des Rates, wie einen Schlossdichter und einen Met-Geber (letzterer ist für die Studentenkneipen zuständig). Einst gegründet, weil Studenten mit ihrer Ausbildung unzufrieden waren, ist der Rat ein zentraler Bestandteil der Aktivitäten auf dem Campus. Heute organisiert er Bälle und den unheimlich klingenden *Wikinger-Blot* – ein *blot* ist ein den nordischen Göttern gewidmetes blutiges Opfer, aber heute höchstwahrscheinlich etwas weniger brutal.

In typisch schwedischer Manier wird auch daran gearbeitet, die Zahl der weiblichen Kadetten zu erhöhen. Ein weiteres Ritual ist die Taufe des Kadetten Pihlqvist, eine mythologische Inszenierung mit Figuren wie einem Pfarrer, Trauernden und tanzenden Engeln. Es gibt auch eine scheinbar sehr geheimnisvolle Zeremonie des Lichts, deren Details selbst den meisten der 200 jährlich dort ausgebildeten Kadetten und sicherlich allen Außenstehenden unbekannt sind.

DER KARLBERGER RUNENSTEIN ⑬

Ein verziertes Relikt aus der Wikingerzeit

Hinter dem Schloss Karlberg
Kann während der Öffnungszeiten des Parks besichtigt werden (6–22 Uhr)
Metro-Station: 15 Gehminuten von der Station St. Eriksplan entfernt

In Stockholms Innenstadt gibt es nur einen freistehenden Runenstein, der aber in den 1920er-Jahren fast zu Schutt verwandelt oder dauerhaft begraben worden wäre.

Eine Wiese in der Nähe des heutigen Karlberg-Parks war damals bei einheimischen Kindern ein beliebter Treffpunkt zum Fußballspielen. So auch für eine Gruppe von Jungs im Sommer 1922. Da es recht warm war, legten sie ihre Brote unter einen großen, flachen Stein, der bei Bauarbeiten dort abgelegt worden war. Ein Junge wollte den Stein als Schattenspender nutzen und als er seinen Kopf in den Hohlraum darunter steckte, entdeckte er gemeißelte Runen. Einer der Jungs hatte einen älteren Bruder, der half, die Runen abzuzeichnen und sie seinem Lehrer in der Schule zeigte, der sie lesen konnte. Das schwedische Zentralamt für Denkmalpflege wurde informiert und man transportierte den Stein (mit einer Schubkarre!) auf das Gelände des nahegelegenen Schlosses Karlberg, wo er an seinem heutigen Standort aufgestellt wurde.

Heute sind die gemeißelten Zeichen mit roter Farbe hinterlegt, was damals jedoch noch nicht der Fall war.

Es sind recht wenige Runen und die Übersetzung lautet „Anund und Torgils ließen den Stein zum Gedenken an Asgöt errichten."

Die Ornamentik ist interessanter und eindrucksvoller als der Text, mit einem christlichen Kreuz, um das sich ein schlangenartiger Drache windet – auf dessen Körper die Runen gemeißelt sind.

Der Drache könnte der furchterregende Nidhogg sein, das Wesen, das im alten nordischen Mythos an den Wurzeln des Weltenbaums Yggdrasil nagt. Das Kreuz, um das er sich windet, ist daher vielleicht auch Yggdrasil, obwohl der Stein aus einer Zeit stammt, als Schweden schon christlich war. Der oberste seiner acht Arme teilt sich in zwei, was insgesamt neun ergibt – das entspricht den neun Welten, die sich entlang des Stammes von Yggdrasil befinden. Die Tatsache, dass der Drache in seinen eigenen Schwanz zu beißen scheint, könnte auch auf eine mögliche Identifikation mit Jormungandr hinweisen, den Nachwuchs des Gottes Loki und der Riesin Angerboda, der die Gestalt einer Riesenschlange hat und sich um ganz Mittelerde schlingt. Sie stand mit den Chaosmächten in Verbindung, denen die Götter der Ordnung in der apokalyptischen Ragnarök gegenüberstanden. Bei dieser Schlacht tötet Thor Jormungandr, kann aber dann nur neun Schritte laufen, bevor er selbst tot zu Boden fällt – vergiftet durch die Schlangenbisse. Nach der Ausbreitung des Christentums wurde Jormungandr mit dem biblischen Meeresungeheuer Leviathan in Verbindung gebracht, einem Wesen, das spätere magische Systeme zu den vier Kronprinzen der Hölle zählten.

DIE PFARRBIBLIOTHEK ST. MATTEUS

(14)

Eine Bibliothek wie aus einer Zeitreise mit einer seltenen Krimisammlung

Västmannagatan 92, 2. Stock – Metro-Station: Odenplan
Montag, Dienstag und Donnerstag 14–19 Uhr, Mittwoch 10–15 Uhr, Freitag 10–13 Uhr

Die Bibliothek der Pfarre St. Matteus, die diskret im 2. Stock eines alten Gebäudes liegt, hat sich seit ihrem Einzug 1916 kaum verändert. Das Personal schreibt sogar die Bibliotheksausweise noch auf einer alten Schreibmaschine! Die Sammlung besteht aus vielen Kriminalromanen, sowohl aktuellen als auch alten, seltenen Bänden. Dies mag ein atypischer Schwerpunkt für eine Kirchenbibliothek sein, kommt aber daher, dass einer der ehemaligen Pfarrer ein leidenschaftlicher Krimi-Fan war.

Die Bibliothek steht allen offen, nicht nur Anrainern oder Mitgliedern der Schwedischen Kirche. In den schönen Innenräumen stehen auf den abgenutzten, knarrenden Holzböden Kirschholzregale entlang der türkisgrünen Wände. Hinter dem Schalter liegen weitere Räume, deren hohe Regale mit Büchern gefüllt sind. In einem Zimmer auf der rechten Seite stehen gemütliche Sofas und Sessel sowie ein riesiger Tisch für Studienkreise und Diskussionsgruppen.

„Wir haben jede Menge Zeit, nur für Sie."

Während es ganze Abschnitte mit schönen, alten Bänden gibt, halten die Bibliothekare die Sammlung mit regelmäßigen Neuanschaffungen auf dem aktuellen Stand. Doch in anderer Hinsicht bewegt sich die Zeit hier bewusst langsam, denn das Motto lautet: „Wir haben jede Menge Zeit, nur für Sie." Lassen Sie beim Betreten die hektische, durchgetaktete Alltagswelt hinter sich! Anstatt Ihre Ausleihkarte zu scannen, benutzt der Bibliothekar einen guten, alten Stempel.

Die Bildung in einem ehemaligen Arbeiterviertel

Die Bibliothek wollte nie das Christentum predigen, sondern die literarische Bildung im Arbeiterviertel fördern (erbaut als Wohnviertel für die Arbeiter der Porzellanfabrik Rörstrand). Dieses Konzept war typisch für die in den 1930er-Jahren vom Staat geschaffenen „Volksbibliotheken", aber die Kirche strengte solche Bemühungen schon viel früher an. Es gab jedoch spezielle Regeln für das Leihen von Büchern: Für jeden Band leichter Unterhaltung musste man auch zwei Bände anspruchsvoller Literatur nach Hause mitnehmen (das ist heute nicht mehr so)! Mit dem Aufkommen der staatlichen Bibliotheken wurden die meisten Pfarrbibliotheken geschlossen, aber St. Matteus blieb zur großen Freude der Buchliebhaber und Retro-Fans erhalten. Sie können die Auswahl an Büchern auf eigene Faust durchstöbern, die sachkundigen Bibliothekare nach Empfehlungen fragen oder einfach in einen der Sessel sinken und lesen (sogar ein eigenes Buch oder die Zeitung).

DAS BUDO ZEN CENTER

(15)

Ein Stück Japan in Schweden

Hagagatan 39
Informieren Sie sich auf der Website des Vereins (iogkf.se) über die Trainingszeiten und nehmen Sie im Voraus Kontakt auf, wenn Sie beim Training zusehen möchten
Neue Schüler und Schülerinnen werden zu Beginn jedes Semesters aufgenommen
Metro-Station: Odenplan

Besucht man das Budo Zen Center, glaubt man einen Tempel in Kyoto zu betreten.

Das von der schwedischen Karatelegende Björn Jonzon (geboren 1950) im Jahr 1984 eröffnete Dōjō begrüßt die Besucher mit einem großen Porträt von Chōjun Miyagi – dem Gründer des im Dōjō gelehrten Karatestils. Es ist wahrscheinlich der ästhetisch ansprechendste Kampfsportverein in Schweden und einzigartig in Bezug auf den künstlerischen Wert, selbst in einem breiteren Kontext.

Nach dem Eingang passiert man einen Vorraum und überquert eine kleine geschwungene Holzbrücke, flankiert von einem großen Bonsai. Dann betritt man die Haupthalle durch ein Paar traditioneller Shōji-Türen (Holz und durchscheinendes Papier).

An einer der Wände befindet sich eine sorgfältig nachgebildete Fassade eines traditionellen japanischen Hauses, die erhöht über dem Boden steht und an der eine Holzplattform entlangführt. An den Wänden hängen Waffen wie *sai*, *bokken*, *tonfa* und *nunchaku*. Man könnte fast glauben, in einem Filmset für einen Samurai-Film gelandet zu sein.

Das romantische Setting beherbergt einen der traditionellsten Karate-Clubs Schwedens, der enge Verbindungen zu den Lehrern in Okinawa (dem Herkunftsort des Karates) pflegt. Name des praktizierten Karatestils ist Gōjū-ryū, was auf Japanisch „hart-weicher Stil" bedeutet.

Sensei Björn Jonzon begann in den 1960er-Jahren damit, japanische Kampfkunst zu erlernen und betreibt seit 1975 ein Dōjō. 1981 lernte er in Okinawa seinen Mentor Morio Higaonna kennen und erwarb 1983 die Pacht für eine verlassene Schweißwerkstatt, in der er mit dem Bau eines eigenen Karatezentrums begann. Den Großteil der Bauarbeiten hat er selbst erledigt, und das Dōjō verändert sich ständig und wird mit der Zeit immer weiter verbessert. Heute hat der Stockholmer Club rund 100 Mitglieder und weitere Ableger an drei anderen Orten in Schweden.

Über eine zweite kleine Brücke gelangt man zurück in die Vorkammer, von wo aus sich eine mit einem Seil verschlossene Doppeltür im Tempelstil in einen Meditationsraum öffnet. Dieser ruhige Raum enthält einen atmosphärisch beleuchteten Stein-Buddha und ist von einem Podest gesäumt, auf dem Kissen drapiert sind.

Sensei Björn hat auch eine Zen-Ausbildung mit dem bekannten amerikanischen Sanbō-Kyōdan-Zen-Lehrer Philip Kapleau absolviert, die die Anpassung von Meditationstechniken an lokale kulturelle Gegebenheiten im Fokus hatte. Das Dōjō bietet somit einen Raum für physische und mentale Entwicklung, der fest in der japanischen Tradition verankert, aber an schwedische Verhältnisse angepasst ist.

DER FÖRENINGEN FÖR FÄKTKONSTENS FRÄMJANDE (FFF)

16

Stockholms ältester Fechtverein

Döbelnsgatan 60
Durch die großen Glasfenster lassen sich die Fechtkurse beobachten. Wenn man die Fechter nett fragt, kann man im Trainingsraum mit dabei sein und aus der Nähe zusehen.
Metro-Station: Rådmansgatan

Mit seiner geräumigen Fechthalle in einer Seitenstraße bietet Föreningen för Fäktkonstens Främjande (FFF) einen Einblick in die alten Traditionen und den moderne Sportsgeist des Wettkampffechtens. Die beiden Hauptwaffen, die im Club verwendet werden, sind Degen und Säbel, in geringerem Umfang wird auch Florett unterrichtet.

Der 1901 gegründete FFF ist der älteste noch existierende schwedische Fechtklub und einer der erfolgreichsten bei internationalen Wettkämpfen.

Der erste Fechtmeister (*maître d'armes*) war ein Franzose, Eugène Fillol, der von 1901 bis 1914 entscheidend für die Festigung des Vereins und die Entwicklung des modernen Fechtsports in Schweden war. Der FFF rekrutierte weiterhin ausländische Fechtmeister, um die weltweit besten Ausbilder zu bekommen, darunter bekannte Fechter wie den Italiener Francesco Gargano in den 1930er- und den Deutschen Rudolf Meckel in den 1960er-Jahren. In den 1990er-Jahren war der FFF der erste schwedische Verein, der eine weibliche Fechttrainerin, Ulrika Larsson, beschäftigte. Der Verein bietet sowohl Leistungssport- als auch Amateurtraining. Zudem finden hier Fecht-Events für Firmen-Kick-Offs, Junggesellenabschiede sowie Kindergeburtstage statt. Er zählt 350 aktive Mitglieder zwischen neun und 85 Jahren. Adelige wie Prinz Gustaf Adolf (Vater unseres jetzigen Königs und erfolgreicher Wettkampffechter) und seine Tochter Prinzessin Brigitta gehören zu den FFF-Fechtern. Der Verein kann in seiner mehr als 120-jährigen Geschichte auf mehrere Weltmeister zurückblicken, der FFF-Fechter Johan Harmenberg gewann 1980 eine olympische Goldmedaille.

Der Klub befindet sich seit 2011 an seinem Standort mit einer Fläche von 580 m^2 und verfügt über zwölf Bahnen, zwei Umkleideräume, eine Werkstatt zur Reparatur der Degen und einen kleineren, aquariumartigen Raum zur Straße hin. Letzterer wird meist für Einzelfechtstunden oder kleinere Gruppen genutzt und bietet Passanten beste Sicht auf das Geschehen. An der Wand ist ein Arm befestigt, der einen Degen hält und an dem Fechter ihr Können perfektionieren, wenn kein Lehrer oder anderer Schüler zur Verfügung steht. An der linken kurzen Raumseite hängen alte Ölgemälde von ehemaligen Fechtmeistern des Clubs.

DER MONICA-ZETTERLUND-PARK ⑰

Eine singende Bank und versteckte Gesichter

Roslagsgatan 20
Metro-Station: Rådmansgatan

Der Park, der den Namen der berühmten schwedischen Jazzsängerin und Schauspielerin Monica Zetterlund (1937–2005) trägt, hat einige kleine Überraschungen auf Lager.

Möchte man sich zum Beispiel auf die prominent platzierte geschwungene Teakholzbank setzen, erklingen aus versteckten Lautsprechern ihre Lieder. Das Repertoire umfasst 17 Kompositionen, das reicht für etwa eine Stunde Unterhaltung (sie hat rund 700 Alben aufgenommen, also ist das ein sehr kleiner Ausschnitt ihres Gesamtwerks).

Dann sollten Sie den Blick auf die Laternenmasten richten, in die Zetterlunds Profil dezent eingearbeitet wurde (am deutlichsten zu sehen vor einem hellen Himmel) – etwas, das man nur bemerkt, wenn man gezielt danach sucht.

Der ursprünglich namenlose Park entstand Anfang der 1980er-Jahre, als das benachbarte Gasthaus Clas på Hornet (siehe S. 61) renoviert wurde. Er wurde noch im Jahr nach ihrem Tod nach Zetterlund benannt, auf Basis einer sogenannten Bürgerempfehlung. Bis 2010 gelang es der Monica-Zetterlund-Gesellschaft, 300.000 schwedische Kronen von Hunderten von Spendern einzusammeln, die die Bank und die Laternenmasten finanzierten.

Besagte Bank wurde vom Künstler Fredrik Wretman entworfen und hat eine hohe, geschwungene Lehne, die den Straßenlärm dämpft und den Park zu einem perfekten Ort macht, um sich vom Trubel der Umgebung zu erholen. Im Laufe der Zeit hat das Teakholz eine wunderbar verwitterte, silbrige Farbe angenommen.

Als man Wretman kontaktierte, erklärte er sofort, dass er keine weitere Bronzestatue errichten wollte, sondern ein Klangwerk – Zetterlund war schließlich vor allem aufgrund ihrer Stimme berühmt.

Der Park hat eine kleine Rasenanlage und eine beeindruckende Anzahl verschiedener Pflanzen, darunter Magnolien, Frauenmantel, Taglilien und Funkien. Er beherbergt auch einen kleinen Spielplatz mit einem winzigen Sandkasten.

Zetterlunds Friseur

Direkt gegenüber vom Park befindet sich der Friseur G. Azar, der sich um Zetterlunds Haare kümmerte. Der Salon von Herrn Azar ist eine Art Zeitkapsel, mit alten Friseurstühlen und Verzierungen aus den 1970er-Jahren. Zudem hat er einige Geschichten über die Sängerin auf Lager, während er Haare schneidet (nur Barzahlung, was für Stockholm sehr ungewöhnlich und altmodisch ist!).

DIE VILLA BELLONA

(18)

Die letzte Arts-and-Crafts-„Professorenvilla“

Universitetsvägen 8
Wenn man nett fragt, darf man das Haus vielleicht während der Bürozeiten betreten
Metro-Station: 5 Gehminuten von der Station Universitetet entfernt

Als bemerkenswertes Beispiel der Arts-and-Crafts-Architektur war die Villa Bellona eine von sieben „Professorenvillen“, die 1907 für Akademiker der Königlichen Landwirtschaftsakademie errichtet wurden. Als man zwischen 1961 und 1971 den heutigen, düsteren Campus für die Stockholmer Universität baute, wurden sechs der Villen abgerissen. Die Villa Bellona wurde vorübergehend als Büro für das Baupersonal genutzt, blieb aber schließlich dauerhaft erhalten. Vom großen strengen, moder-

nistischen Universitätsbau in den Schatten gestellt, erinnert sie an sehr unterschiedliche architektonische Ideale aus vergangenen Zeiten.

Die Villa Bellona wurde vom Architekten Lars Johan Lehming (1871–1940) entworfen, der viel in Schweden, England, Deutschland und Italien herumreiste, um alte lokale Bautechniken zu studieren. Er baute mehrere Privathäuser rund um Stockholm und arbeitete für die schwedische Armee, wurde jedoch entlassen, nachdem er 1914 ein Friedensmonument an der schwedisch-norwegischen Grenze in Morokulien entworfen hatte.

Bei den Professorenvillen wurde Lehming stark von der britischen Arts-and-Crafts-Bewegung beeinflusst. Die im England der 1850er-Jahre entstandene und zwischen den 1880er- und 1910er-Jahren ihren Höhepunkt feiernde Bewegung war eine Art hyperästhetische, antiindustrielle, oft sozial untermauerte Strömung, die auf traditionelle Handwerkskunst setzte. Basierend auf neugotischer, volkstümlicher Architektur und den romantischen Ideen vom rustikalen Mittelalter, lehnten ihre Vertreter gleichzeitig rein historisierende Stile ab und betonten, wie wichtig es sei, etwas Neues, Modernes und Funktionales zu schaffen und zugleich die (vor allem mittelalterlichen) Traditionen hochzuhalten.

Die Villa Bellona war eine der kleinsten der sieben Villen – alles rot bemalte Holzkonstruktionen, die auf massiven Steinfundamenten ruhten. Betrachtet man das Gebäude von außen, gibt es viele schöne Details zu entdecken. Zum Beispiel die riesigen Türscharniere aus schwarz lackiertem gehämmertem Eisen, die gut zum Roten Haus von William Morris in Bexleyheath, England, aus dem Jahr 1859 passen würden.

Ebenso beeindruckend sind der geschindelte obere Teil der Wände und die großen Fenster, die der Form der Innentreppe folgen. Heute befindet sich in der Villa Bellona das Innovationsbüro der Universität Stockholm.

DAS VICTORIAVÄXTHUSET

(19)

Fast überirdische Riesen-Seerosen

Veit Wittrocks Wäg 11
Wochentags 11–16 Uhr und am Wochenende 11–17 Uhr, Mai bis September
Metro-Station: 15 Gehminuten von der Station Universitetet entfernt

Das Victoriaväxhuset („Victoria-Gewächshaus"), das im Jahr 1900 eröffnet wurde, ist im extravaganten Stil der Jahrhundertwende mit einer Glaskuppel und tragenden Gusseisenstrukturen erbaut. Das 1899 nach einem Plan der Firma Schmidt & Schlieder aus Leipzig errichtete Gebäude sorgte für großes Aufsehen. Heute ist das Gewächshaus eine eher vergessene und versteckte Perle.

Es wurde vor allem für die Zucht und Zurschaustellung der Seerose *Victoria amazonica* gebaut – daher auch der Name. Dies ist jedoch nicht die einzige Attraktion für Botanik-Fans. Im Gewächshaus findet man neben anderen Pflanzen auch Lotus, Mangroven und Papyrus.

Mit einer Temperatur von über 30 Grad Celsius und einer Luftfeuchtigkeit von rund 80 Prozent ist ein Besuch im Gewächshaus wie ein kurzer Ausflug in die Tropen. Die Luftfeuchtigkeit führt auch zu starkem Verschleiß an der gusseisernen Struktur, was umfangreiche Renovierungsarbeiten notwendig machte.

Der Teich in der Mitte ist mit den spektakulären Riesen-Seerosen gefüllt, der weltweit größten Art, deren Blätter robust genug sind, um ein Gewicht von bis zu 100 Kilogramm zu tragen (wenn gleichmäßig verteilt). Einmal im Jahr (ca. 24.–27. Juni) öffnen sich die Blüten nach Einbruch der Dunkelheit. Jede Blüte bleibt für zwei Nächte geöffnet. In der ersten Nacht ist sie weiß, in der zweiten rosa, mit einem angenehmen Geruch ähnlich einer Ananas. Bestäubt von nachtaktiven Käfern und anderen nachtaktiven Insekten, schließt sich die Blüte morgens um ihre Besucher und sperrt sie bis zur nächsten Nacht ein, sodass sie genügend Zeit haben, ihre Aufgabe zu erledigen. Nach der Bestäubung zieht sich die Blüte unter die Wasseroberfläche zurück.

Die Größe der *Victoria* hat etwas eindeutig Überirdisches an sich und die Blätter (die bis zu drei Meter Durchmesser erreichen) wirken wie von einem anderen Planeten.

DER WITTROCK-TURM

20

Der Zierbau eines exzentrischen Professors

Gustafsborgsvägen 18
bergianska.se
Man kann die Treppen zum Turm zu jeder Tageszeit hinaufsteigen und einen Blick hineinwerfen. Der Innenraum ist nur im Zuge organisierter Wanderungen ein paar Mal im Jahr öffentlich zugänglich.
Weitere Informationen finden Sie auf der Website
Metro-Station: 15 Gehminuten von der Station Universitetet entfernt

Als der botanische Garten Bergianska Ende des 19. Jahrhunderts von Karlberg nach Frescati umzog, war sein Leiter ein gewisser Professor Veit Wittrock (1839–1914). Er war sehr exzentrisch und trug zum Beispiel das ganze Jahr über einen schweren Pelzmantel – selbst in den heißen Sommermonaten.

Sein Projekt *Fjällen*, eine Art Miniaturversion der nordschwedischen Berge im botanischen Garten war umstritten. Heute werden dort noch Alpin- und Bergpflanzen aus verschiedenen Teilen der Welt auf kleinen künstlichen Hügeln ausgestellt. Dies wurde vom Publikum jedoch wenig geschätzt, da es spektakulärere und exotischere Dinge wie tropische Pflanzen bevorzugte.

1908 beauftragte Professor Wittrock den Architekten Oskar Lindberg mit dem Entwurf eines Turms auf einem Hügel oberhalb des Ufers des Brunnsviken-Sees. Der Professor nutzte ihn hauptsächlich zur Aufbewahrung seiner Samen- und Zapfen-Sammlung, aber auch als sein Büro. Er lud Besucher ein, die atemberaubende Aussicht zu genießen. Da zur Zeit seiner Errichtung der schwedische Nationalstolz auf seinem Höhepunkt angelangt war, wurde der Turm ursprünglich im Blau der schwedischen Flagge gestrichen, mit Details in Gelb, wie das Kreuz der Flagge.

Als er acht Jahre später renoviert wurde, fügte man auf dem Dach eine Aussichtsplattform hinzu, die ursprünglich von einem riesigen Tannenzapfen aus Metall gekrönt werden sollte (welcher aber letztendlich nur eine einfache Metallkugel wurde).

In kalten Wintern waren auf dem zugefrorenen Brunnsviken lange Zeit Pferderennen ein beliebtes Spektakel. Die Schiedsrichter dieser Rennen nutzten den Turm für eine gute Übersicht auf die Ereignisse auf dem Eis. Dies war notwendig, da die Rennen oft sehr knapp gewonnen wurden. Die Rennstrecke führte über einen Rundkurs, in dessen Mitte eine Militärkapelle spielte. Die Solvalla-Rennstrecke wurde 1927 eröffnet, Pferderennsport-Fans besaßen nun eine permanente Arena für ihren Sport. Als das Eis im Winter 1930 nicht richtig zufror, bedeutete dies das Ende der Pferderennen auf dem Brunnsviken.

Trotz seiner praktischen Funktion als Aussichtsturm für Schiedsrichter und Heim der botanischen Sammlungen, könnte der Turm auch als Zierbau im Stil der skurrilen Gebäude gesehen werden, die Gustav III. auf der anderen Seite des Gewässers errichten ließ – in diesem Fall war der Urheber aber ein seltsamer Professor.

Heute beherbergt der Turm Künstlerateliers, und durch die Fenster kann man Gläser mit Pinseln und in Arbeit befindliche Kunstwerke sehen. Der Innenraum ist seit den 1930er-Jahren mehr oder weniger unverändert geblieben.

DAS ATELIERMUSEUM VON CARL ELDH

21

Ein Atelier, in dem die Zeit stehengeblieben ist

Lögebodavägen 10 – Dienstag bis Sonntag 12–16 Uhr im Juni, Juli und August
April und Oktober, Samstag bis Sonntag 12–16 Uhr
Mai und September, Donnerstag bis Sonntag 12–16 Uhr
Metro-Station: 15 Gehminuten von der Station Tekniska Högskolan entfernt

Das Erste, das einem auffällt, wenn man sich dem Carl-Eldh-Ateliermuseum nähert, ist der herrliche Holzteergeruch. Alle Wände des Gebäudes, das auf einer Felswand im Bellevue-Park thront, sind geteert – eine traditionelle, wasserabweisende Holzbehandlungsmethode. Das Gebäude wurde zwischen 1918 und 1919 als Atelier für den Bildhauer Carl Eldh (1873–1954) entworfen, ist architektonisch modern, wurde aber mit eher altmodischen Materialien gebaut.

Eldh war zu seiner Zeit einer der berühmtesten Bildhauer Schwedens, musste aber öfter den Standort wechseln, um ein Atelier zu finden, das seinen Anforderungen entsprach. Um die richtige Menge an Licht zu bekommen, mietete er beispielsweise ehemalige Geschäfte mit großen Fenstern an. Sein Freund, der Architekt Ragnar Ostberg (1866–1945), entwarf diese dauerhafte Atelierlösung, nachdem in einem damals noch abgelegenen Teil der Stadt ein geeignetes Grundstück gefunden worden war.

Beim Betreten des Museums zeigt sich Eldhs Persönlichkeit immer noch in den schlichten Vertäfelungen und rauen Böden. Zu sehen sind viele seiner Skulpturen in unterschiedlichen Maßstäben. Manchmal fühlt man sich wie eine kleine Ameise und manchmal wie Gulliver im Land der Liliputaner, eine schwindelerregende Demonstration vom enormen Talent und den Fähigkeiten Eldhs. Durch die riesige Fensterfront, die zur optimalen Nutzung der Arbeitszeiten konzipiert wurde, dringt wunderschönes Tageslicht – so schön, dass sogar Besucher manchmal wie Skulpturen aussehen, gefertigt von der Hand des Meisters. Alles ist noch so, wie es war, als der Künstler starb: Bildhauerwerkzeuge, einige persönliche Gegenstände, Gips- und Tonskizzen sowie eine Handvoll Stein- und Bronzestücke.

Nach Eldhs Tod 1954 richtete sich seine Tochter Elsa in dem Gebäude ein schlichtes permanentes Zuhause ein und eröffnete es 1963 der Öffentlichkeit als Museum, das sie selbst leitete. Da sie begeisterte Gärtnerin ist, gibt es aufgrund ihres grünen Daumens im Garten immer noch eine Fülle von Schneeglöckchen, Krokussen, Tulpen, Narzissen, Flieder, Rhododendren, Rosen, Pfingstrosen, Lavendel, Iris, Hostas, Rhabarber, Schnittlauch, Margeriten und Sterndolden. Als Elsa das Museum aus Altersgründen nicht mehr leiten konnte, wurde es geschlossen. Doch nur wenige Jahre später wurde es von einer privaten Stiftung wiedereröffnet.

DER BRIEFTAUBENKLUB

(22)

Ganz besondere Vögel

Bellevueparken – Metro-Station: Rådamansgatan oder Tekniska Högskolan
Der Klub selbst ist für Besucher nicht geöffnet.

Oben auf dem Hügel im Bellevue-Park, nur einen Steinwurf von der Altstadt entfernt, befindet sich ein herrlich archaischer Brieftaubenklub, in dem die Vögel lernen, weite Strecken zu fliegen und an einen bestimmten Ort zurückzukehren. Solche Unternehmungen finden dort seit 1911 statt.

Das kleine Holzhaus beherbergt 700 Brieftauben, die von Saheb und Jamahl aus Bagdad trainiert werden. Saheb kam 1984 aus dem kriegsgebeutelten Irak nach Schweden und war schon zu Hause Taubentrainer – was nicht mehr möglich war, als der Krieg ausbrach und die Bomben fielen.

In Schweden ist die Bedrohung eine andere. Oben auf dem nahegelegenen Wenner-Gren-Hochhaus wartet ein Habicht auf seine Gelegenheit, Tauben zu fangen. Bei seiner Jagd ist er oft erfolgreich, und viele Tauben gingen auf diesem Wege verloren. Den Habicht kann man mit einem Fernglas oft recht deutlich sehen.

Brieftauben wurden oft in Kriegen eingesetzt, auch während beider Weltkriege – wo sie manchmal einen wichtigen Beitrag leisteten, wenn andere Kommunikationswege ausfielen. Im Zweiten Weltkrieg bekamen 32 amerikanische Tauben sogar Tapferkeitsmedaillen verliehen. Die schwedische Armee setzte bis in die 1950er-Jahre Brieftauben ein,

und in einigen europäischen Ländern sind sie angeblich immer noch im Einsatz (man muss sich keine Sorgen machen, abgehört oder gehackt zu werden, wenn man Tauben benutzt, was heute von Vorteil sein könnte).

Wettkämpfe mit Brieftauben sind in vielen Ländern Europas beliebt, und der erste Preis beträgt bei bestimmten Veranstaltungen im Ausland bis zu 100.000 schwedische Kronen.

In Schweden hat die nationale Organisation für Brieftaubentrainer 500 Mitglieder.

Die Lage des Brieftaubenklubs – mit einer verkehrsreichen Autobahn direkt unterhalb des Hügels einerseits und der idyllischen Lage mit mehreren Holzhäusern aus dem 18. Jahrhundert andererseits – sorgt für einen interessanten Kontrast zwischen Alt und Neu, Ruhe und Stress.

Das Innere des Gebäudes ist nicht öffentlich zugänglich, aber Sie können das wunderschön verwitterte, handbemalte Schild bewundern, das angibt, dass das Gebäude dem Stockholmer Brieftaubenklub gehört. Und wenn Sie Zeuge der brutalen Natur werden wollen, sehen Sie vielleicht einen Habicht-Angriff!

In Brüssel gibt es zu Ehren der Brieftauben eine Skulptur und in Barcelona einen öffentlich zugänglichen Taubenklub. Mehr dazu finden Sie in den Reiseführern *Verborgenes Brüssel* und *Verborgenes Barcelona* von diesem Verlag.

Der Grund für die erstaunliche Fähigkeit der Brieftauben

Egal, ob sie 500 Meter, 100 Kilometer oder manchmal sogar über 1000 Kilometer von zu Hause freigelassen wird, die Brieftaube findet immer ihren Weg zurück. Der Grund für diese Fähigkeit ist noch unbekannt, aber manche schreiben sie dem Vorhandensein winziger Kristalle im Gehirn zu. Diese Eigenschaft war schon Julius Cäsar bekannt, der während der Invasion Galliens Brieftauben nutzte, um Nachrichten nach Rom zu senden und das Hauptquartier über den Fortschritt seines Feldzuges zu informieren. Doch um Missverständnissen vorzubeugen: Die Taube, die manchmal in Filmen freigelassen und gebeten wird, eine Nachricht irgendwohin zu bringen und dann zurückzukehren, existiert nicht. Die Taube kann nur nach Hause zurückfliegen. Um eine Nachricht an mehrere Orte zu senden, muss man Tauben verwenden, die an den verschiedenen Zielen gezüchtet wurden. Um mehrere aufeinanderfolgende Nachrichten an einen Ort zu senden, muss die entsprechende Anzahl an Tauben mitgenommen werden.

DER PAVILLON DER KÖNIGIN CHRISTINA

23

Ein kleiner, gut erhaltener Barockpavillon

Annerovägen 4 – Metro-Station: Odenplan
Nur geöffnet für vorab gebuchte private Abendessen – ein wirklich besonderes Chambre séparée
Website: stallmastaregarden.se/moten/vara-lokaler/kristinapaviljongen

Der Pavillon der Königin Christina befindet sich auf dem Gelände des Restaurants Stallmästargården und ist ein magischer Ort, an dem die Zeit stehengeblieben zu sein scheint. Betritt man den Haga-Park von Vasastan aus, befindet er sich direkt auf der rechten Seite. Die Wurzeln dieses winzigen, gut erhaltenen Gebäudes mit einer wunderschön bemalten Decke reichen bis ins 17. Jahrhundert zurück.

Doch trotz seines Namens ist die Verbindung zu Königin Christina eher dürftig. In den 1630er-Jahren schenkte einer der unehelichen Söhne von König Karl IX. seinem hochgeschätzten Stallmeister das lebenslange Nutzungsrecht für ein Stück Land und ein Gebäude (dort, wo sich heute der Pavillon befindet). Im Jahr 1645 war die eigenwillige und etwas exzentrische Königin Christina, die oft in der Gegend jagte und ausritt, von der Lage mit Blick auf das schöne Ufer des Brunnsviken-Sees, so begeistert, dass sie beschloss, dort Midsommer zu feiern. Als sich die Nachricht verbreitete, dass sich die Königin in das Grundstück des Stallmeisters verliebt habe, beschloss er, daraus Kapital zu schlagen und eröffnete einen Gasthof. In den 1730er-Jahren wurde der Gasthof von dem fleißigen königlichen Falkner Lucas Boogers betrieben. Er ließ einen verglasten, achteckigen Pavillon aus dem vorigen Jahrhundert aus der Innenstadt hierherverlegen. Anscheinend war es auch Boogers, der vier kleinblättrige Linden davor pflanzte (heute sind nur noch zwei übrig). Der Pavillon steht an der Stelle, an der sich einst das Gebäude befand, in dem Königin Christina Midsommer feierte.

Die vielen Stätten der Königin Christina

In Schweden gibt es tatsächlich zahlreiche Gebäude und Orte, die nach der sagenumwobenen Königin, um die sich so viele Geschichten ranken, benannt sind. Es scheint auch eine besondere Verbindung zwischen ihr und Lindenbäumen zu geben, da auf dem Gelände der Schlösser in Uppland zwei Bäume gepflanzt wurden, die nach ihr benannt sind (obwohl einer oder beide tatsächlich von ihrer Großmutter, die den gleichen Namen trug, gepflanzt und auch nach dieser benannt wurden). In Bezug auf den Ort im Hagaparken wird meist die Bezeichnung „die Laube der Königin Christina“ verwendet, wobei die Linden die eine Seite der Laube und der kleine Pavillon die andere Seite bilden.

DIE HAGSTRÖMER MEDIZINHISTORISCHE SAMMLUNG

24

Eine stimmungsvolle und wenig bekannte Bibliothek

Annerovägen 12
Man kann Führungen durch die Bibliothek buchen (über hagstromerlibrary@ki.se) oder den Lesesaal besuchen.
Mittwoch und Donnerstag, 9–12 Uhr
Metro-Station: 20 Gehminuten von der Station Odenplan entfernt

Direkt neben einer Autobahn steht ein ehemaliges, zwischen 1905 und 1907 erbautes, Gerichtsgebäude, das mit Jugendstileulen verziert ist. Als das Gericht 1980 auszog, wurde der Bau als Bürofläche an mehrere Unternehmen vermietet. Heute ist es Heim der wenig bekannten und schönen medizinhistorischen Hagströmer Bibliothek (Hagströmerbiblioteke).

Seit 1997 hat diese Bibliothek Manuskriptsammlungen und mehr als 100.000 seltene, alte Bücher aus dem weltweit renommierten Forschungskrankenhaus Karolinska Institutet (gegründet 1810), der Schwedischen Gesellschaft für Medizin (gegründet 1807) und dem Collegium Medicum (in Betrieb 1663–1812) zusammengetragen.

Viele Bücher sind seltene und wertvolle Erstausgaben. Darunter die Büchersammlung des Physikers und Chemikers Carl Benedicks (1875–1958) über Alchemie und ältere Chemie. Die Wessler-Sammlung – eher nichts für schwache Mägen – konzentriert sich auf die Zahnmedizin und enthält neben Büchern und einigen grausigen Objekten auch eine große Sammlung verwandter Drucke. Zu den weiteren Highlights der Bibliothek gehört die Erstausgabe von Linnés bahnbrechendem biologischem Werk *Systema Naturae* (1735).

Die Hagströmer Bibliothek befand sich auf dem Krankenhausgelände, auf dem heute die neue Aula Medica steht, bevor sie in ihr sehr charmantes neues Zuhause zog.

In der Mitte befindet sich der große ehemalige Gerichtssaal, den heute schöne grüne Bücherregale und Vitrinen zieren. Obwohl man viele der Originaldetails in den vergangenen Jahrzehnten entfernt hat, wurde das historische Ambiente weitgehend wiederhergestellt.

In der Bibliothek finden unregelmäßig Vorträge und Ausstellungen statt, die oft auf interessante Weise eine Brücke zwischen Kunst, Medizin und Geisteswissenschaften schlagen. Sie bietet auch Forschungsstipendien für Wissenschaftler, die mit den Sammlungen arbeiten möchten.

Basilica CHYMICA
FLORA
Teatro
Flora
DIVERSE
TOME PREMIER
TOME SECOND
TOME QUATRIEME
TOME TROISIEME
TOME CINQUIEME

Der Kessel eines Riesen

Im Keller birgt das Gebäude ein ganz besonderes Geheimnis: Den drei Meter tiefen sogenannten Riesenkessel, ein zylindrisches Loch, das einst unter einem prähistorischen Gletscher entstand, der mit seinen Schmelzwasserbächen Steine gegen den Fels drückte und diesen aushöhlte. Als er bei Bauarbeiten im Jahr 1905 entdeckt wurde, blieb er als unterirdische Kuriosität bestehen. Manchmal füllt er sich fast bis zum Rand mit Grundwasser, manchmal ist er fast völlig trocken. Er kann von Besuchern im Rahmen einer Führung besichtigt werden.

DER TÜRKISCHE KIOSK

25

Ein exotischer Pavillon, der einst Ort geheimer Treffen war

Haga-Park – Das Gebäude ist nicht öffentlich zugänglich, kann aber von außen besichtigt werden – durch die Fenster ist der Innenraum gut einsehbar

Im Haga-Park, versteckt zwischen den Bäumen, liegt auf einem Hügel abseits der Besucherpfade der türkische Kiosk, direkt gegenüber dem chinesischen Pavillon – ein wahrer Geheimtipp.

Den Kiosk erreicht man über einen kleinen Fußweg, und durch die Fenster kann man einen Blick in den Innenraum erhaschen. Es gibt einen sechseckigen Hauptraum sowie drei Vorräume (alle mit einem weiß-goldenen Keramikofen) in verschiedene Richtungen, die als Eingänge dienen. Das Dach hat die Form eines (türkischen) Zelts und ist von einem türkisch-islamischen Halbmond gekrönt. Selten genutzt und nicht öffentlich zugänglich, spiegelt das Dekor den Orientalismus vergangener Zeiten wider.

Kiosk ist ein türkischer Begriff (*köşk*) persischer Herkunft und be-

deutet Pavillon. An diesem kleinen Bau im Park wurden also nie Erfrischungen, Zeitungen oder Ähnliches verkauft. Zum Zeitpunkt seiner Errichtung (1786–1788) hatte der „Kiosk" noch die türkische Bedeutung eines kleinen Pavillons, insbesondere einer Konstruktion, die auf einer oder mehreren Seiten offen war, um eine schöne Aussicht zu bieten. Heute wird ein Teil der Aussicht von Bäumen verdeckt, die in den letzten zwei Jahrhunderten hoch gewachsen sind. Aber ein Großteil der ursprünglichen Sichtlinie ist noch frei. Wie die meisten versteckten sowie auch offensichtlicheren Highlights im Haga-Park, wurde der Kiosk von König Gustav III. in Auftrag gegeben. Es war tatsächlich das erste neue Gebäude, das er im Park errichten ließ. Der Architekt hieß Fredrik Magnus Piper (es handelte sich hierbei um den einzigen seiner zahlreichen Vorschläge, der tatsächlich umgesetzt wurde, und auch erst nachdem mehrere seiner Versionen vom pingeligen und wählerischen König genau geprüft worden waren). Das blassblaue und weiße Interieur (an Pompeji angelehnt) wurde von Louis Masreliz entworfen.

An Silvester 1788 weihte Gustav III. den Kiosk mit einem „türkischen" Geburtstag für seinen Bruder Herzog Karl. (später Karl XIII.) ein, der sich mit Freimaurerei und Ritualmagie beschäftigte. Ein Jahr später wurde hier ein Theaterstück von Carl Michael Bellman (1740–1795) mit Schauspielern des Königlichen Dramatischen Theaters uraufgeführt.

Aber nicht nur Frivoles fand im Kiosk statt: Manchmal versammelte König Gustav III. hier seine engsten Gefährten, die meist, wie er selbst, Freimaurer waren, um geheime Ratstreffen abzuhalten. So wurde beispielsweise der Krieg gegen Russland von 1788 bis 1790 hier geplant – der Krieg, der zur Frustration unter dem schwedischen Adel beitragen sollte und mit der Ermordung von König Gustav 1792 endete.

DER CHINESISCHE PAVILLON IM HAGA-PARK

(26)

Eine Manifestation monarchistischer ideale?

Der Pavillon kann zwischen 11 und 17 Uhr besichtigt werden – zu allen anderen Zeiten sind die Tore unterhalb geschlossen, da er von privaten Grundstücken umgeben ist
Metro-Station: Odenplan

Der chinesische Pavillon, der auf einem grünen Hügel am Rande des Hauptwegs im Haga-Park liegt, ist ein farbenfroher Zierbau, der möglicherweise eine verborgene antidemokratische Bedeutung hat.

Der vom Architekten und Künstler Louis Jean Desprez (1743–1804) 1788 geplante Pavillon ist achteckig und an allen Seiten offen. Die bunt bemalten Holzsäulen tragen ein schräges Blechdach, das mit Drachen verziert ist. In der Mitte des Pavillons stand einst ein großer achteckiger Tisch, der die Form des Pavillons spiegelte. Das Gebäude war von Podesten umgeben, auf denen chinesischen Figuren thronten. All das existiert längst nicht mehr, aber die Sockel der Podeste sind noch zu erkennen. Der Pavillon wurde mehrmals, und die Holzdrachen, die das Dach zierten, 1974 durch neue aus Glasfaser ersetzt. Die Glocken, die früher an den Drachen hingen und im Wind klimperten, wurden entfernt.

Als König Gustav III., der den Bau des Haga-Parks veranlasste, ein Junge war, schenkte sein Vater seiner Mutter einen herrlichen Pavillon im chinesischen Stil zum Geburtstag. Der kleine Gustav, als chinesischer Prinz gekleidet, überreichte seiner Mutter den goldenen Schlüssel zum Pavillon. So begann seine lebenslange Faszination für China.

Die Schwedisch-Ostindische Handelskompanie (gegründet 1731) machte die chinesische Kultur in Schweden populär. Teetrinken, das Sammeln chinesischer Antiquitäten sowie Architektur im chinesischen Stil standen hoch im Kurs. Aber der Einfluss war nicht nur ästhetischer Natur. Es beeindruckte König Gustav III. und seinen Beraterkreis, wie ein mächtiger Monarch, der sich auf seine Mandarine – hochgebildete Bürokraten – stützte, das scheinbar harmonische Musterland China regierte.

Der Diplomat und Politiker Carl Fredrik Scheffer (1715–1786), Großmeister des schwedischen Freimaurerordens zwischen 1753 und 1774 und ein wichtiger Mentor für König Gustav III., behauptete, dass der Staatsstreich von 1772 (bei dem er eine absolute Monarchie errichtete und die Macht des Reichstags der Stände untergrub) eine Rückkehr zu dem idealen Regierungssystem, das China prägte, war. Vor diesem Hintergrund ist der Pavillon eher eine Manifestation monarchistischer Ideale und nicht nur ein netter Zierbau.

DIE HÖHLE UND DER PUMPENSCHACHT IM HAGA-PARK

27

Spuren eines ausgefallenen Projekts

Die Höhle und der Pumpenschacht auf dem Hügel können den ganzen Tag besichtigt werden
Metro-Station: 25 Gehminuten von der Station Odenplan entfernt

Entlang des Hauptwegs im Haga-Park führt eine Höhle in den Hang. Was die meisten nicht wissen, ist, dass es sich um eine künstliche Höhle handelt, die Teil eines ausgeklügelten Plans zum Bau eines künstlichen Wasserfalls war, der nie realisiert wurde. Oben auf dem Hügel sind die Überreste des Pumpenschachts zu sehen.

Während seiner Reisen nach Frankreich und Italien 1783/84 war König Gustav III. beeindruckt von den genialen Wasserfällen und Springbrunnen in verschiedenen Gärten und Parks. Natürlich wollte er etwas Ähnliches für seinen eigenen Park in Stockholm.

Er plante, auf dem Hügel einen kleinen See anzulegen, in den eine Pumpstation Wasser aus dem Natursee darunter pumpen sollte. Die Pumpe sollte in einem mittelalterlich-pseudogotischen Bau verborgen werden.

Man plante hin und her und wollte später einen Obelisken auf dem Hügel errichten. Auch ein Aussichtsturm in Form einer hohen Säule, deren Sockel mit Pferden geschmückt und mit einer Statue von König Gustav Vasa gekrönt werden sollte, war Thema. All dies war typisch für die abstrusen Ideen von Gustav III.

1786 begann man mit Sprengungen für den Schacht, um Wasser zu gewinnen. Dies erwies sich als kostspielig und langwierig. Da Dampfantrieb gerade hochmodern war, wurde er vermutlich zum Betreiben der Pumpe vorgesehen. Doch später beschloss man, stattdessen eine Windmühle zu verwenden. Eine Windmühle wurde in Kalmar im Südosten Schwedens erworben, verschwand jedoch auf mysteriöse Weise auf dem Weg nach Stockholm.

Nachdem König Gustav 1792 ermordet wurde, stellte man die Arbeiten an dem Projekt, wie an vielen anderen, quasi sofort ein.

Viele große Felsen wurden auf den Höhlenboden geschleudert, möglicherweise von frustrierten Arbeitern, deren Bemühungen jetzt umsonst waren. Der Tunnel reicht 16 Meter in den Hügel, und wer möchte, kann sich hineinwagen. Aber seien Sie vorsichtig – es ist ziemlich rutschig. Und nehmen sie eine gute Taschenlampe mit.

Nachdem der Wasserstand 1863 abgesenkt worden war, gelangte kein Seewasser mehr hierher. Das Wasser, das heute den Boden bedeckt, ist Regenwasser.

DIE HAGA-SCHLOSSRUINE

(28)

Die Überreste eines Schlosses, das es nie gab

Die Ruine kann über eine Leiter erreicht werden, die der darunterliegenden Straße zugewandt ist, oder über eine Öffnung in der Wand auf der anderen Seite
Metro-Station: 30 Gehminuten von der Station Odenplan entfernt

Der Kellerbau von Schloss Haga ist alles, was von dem großen, von König Gustav III. geplanten Schloss im Haga-Park gebaut wurde, bevor sein Tod dieses Projekt, wie so viele andere, zum Stillstand brachte.

Nicht weniger als sechs verschiedene Architekten wurden im Laufe der Jahre beauftragt, das Schloss für den König zu entwerfen. Als Inspiration dienten so unterschiedliche europäische Bauten wie Marie-Antoinettes Petit Trianon (ein kleines Schloss auf dem Gelände von Versailles, das ursprünglich von Ludwig XV. für seine Geliebte erbaut wurde) und der Petersdom in Rom.

Klettert man heute über eine Eisenleiter in die Ruine, versprüht sie ein fast mittelalterliches Flair und erinnert an ein Labyrinth, das Besucher vielleicht argwöhnisch auf einen blutrünstigen Minotaurus warten lässt, der hinter der nächsten Ecke wartet.

Der Grundstein wurde im August 1786 gelegt, wahrscheinlich unterhalb der Mittelsäule. Der König legte, wie es üblich war, verschiedene Münzen hinein, und es wurde eine lateinische Inschrift eingemeißelt, die besagte, dass der König an diesem Tag seinem Volk die Freiheit zurückgegeben habe und das Schloss nicht nur ein Heim der Freiheit, sondern auch des Genusses und der Freude sein würde.

Das Gebäude sollte ein Skulpturenmuseum, ein Theater und Ballsäle beinhalten. Bis zu 650 Soldaten und 150 russische Kriegsgefangene arbeiteten auf der Baustelle, obwohl die Gefangenen eher ein Hindernis als eine Hilfe waren.

Heute kann ein riesiges und detailreiches Holzmodell, das einige Jahre nach dem Tod des Königs hergestellt wurde, im nahe gelegenen kleinen Haga-Park-Museum (im Winter geschlossen) besichtigt werden.

Die düstere mittelalterliche Stimmung veranlasste wahrscheinlich die Black-Metal-Band Dark Funeral im Winter 1996 dazu, die Ruine als Drehort für das Video zu ihrem Song *Secrets of the Black Arts* zu nutzen. In dem Video sieht man, wie Fackeln schwenkende Personen mit Kapuzen nachts geheimnisvolle Dinge tun.

Aufgrund ihrer abgeschiedenen Lage war die Ruine zudem ein beliebter Ort für geheime Rave-Partys in den 1990er-Jahren. Sie wurde auch von vielen verschiedenen esoterischen Gruppen für Rituale genutzt. Die Überreste dieser Rituale sind manchmal in Form von ausgebrannten Kerzen und aufgemalten Symbolen anzutreffen.

Einige Szenen des Films, der auf Astrid Lindgrens Roman *Ronja Räubertochter* basiert, wurden hier in den frühen 1980er-Jahren ebenfalls gedreht.

DAS MONTELIUS-GRAB

(29)

Ein seltsames Grab alter Stammesanführer

Nordfriedhof – Lindhagens Kulle, Gruppe 21F, Grab 3
Der Friedhof ist rund um die Uhr geöffnet.
Metro-Station: 20 Gehminuten von der Station St. Eriksplan entfernt

Die Ruhestätte von Oscar (1843–1921) und Agda (1850–1920) Monelius auf dem Nordfriedhof bietet einen sehr archaischen Anblick. Es handelt sich um ein Dolmengrab, eine Art Einkammer-Megalithgrab, wie sie in der nordischen Bronzezeit üblich waren.

Wie seine antiken Vorbilder besteht das Montelius-Grab aus zwei auf-

rechten Megalithen, die einen großen, flachen horizontalen Deckstein tragen, und ist mit Gras bewachsen. Dies ist kein Zufall, da Oscar ein einflussreicher Archäologe war, der das Konzept der Seriation (eine relative chronologische Datierungsmethode in der Archäologie) verfeinerte und auch als Reichsantiquar arbeitete.

In den frühen 2000ern meinte ein Journalist, Oscar sei Pionier des wissenschaftlichen Rassismus gewesen, vor allem durch seine Arbeiten über Phrenologie und Kraniologie, obwohl dies von Historikern angezweifelt wurde.

Seine Frau Agda war Philanthropin, Feministin und Friedensaktivistin. Das Grab wirkt zwar irgendwie fehl am Platz, war aber wohl die letzte romantische Geste eines ergebenen Antiquars, der vielleicht, vielleicht auch nicht, ein rassistischer Pionier war.

Auf dem Nordfriedhof, wo man leicht einen ganzen Tag verbringen kann, gibt es viele faszinierende Grabsteine. Besonders interessant ist der Hügel (Lindhagens Kulle), auf dem das Montelius-Grab steht, da sich hier die meisten Mausoleen und einige der spektakuläreren Grabsteine befinden. Ebenfalls sehenswert sind die Wasserbecken des Friedhofs, die von dem Architekten Peder Clason nach einem offenen Wettbewerb entworfen und 1923 errichtet wurden. Die Seiten des Beckens ziert ein Schiff, das im typischen Stil der 1920er-Jahre dargestellt ist, während Wasser aus dem Mund einer plumpen fischähnlichen Kreatur fließt, die offenbar ein Delfin sein soll. Der Nordfriedhof wurde am 9. Juni 1827 eröffnet und ist die letzte Ruhestätte vieler Berühmtheiten, darunter der berühmte Chemiker und Erfinder Alfred Nobel (1833–1896) sowie die Schauspielerin Ingrid Bergman (1915–1982), die in *Casablanca* (1942) spielte. Außerdem findet man hier das schwarze Holzkreuz am Grab des Autors August Strindberg (1849–1912) mit seiner lateinischen Inschrift: „O crux ave spes unica" („Sei gegrüßt, o Kreuz, du einzige Hoffnung").

DER WASSERTURM IM HAGALUNDSPARKEN

(30)

Der Ort, an dem sich Hexen treffen

Källvägen 1
Man kann eine Besichtigung buchen (unter jolandatarot@gmail oder telefonisch unter +46-0739330777) mit oder ohne Wahrsagerei
Der Turm ist auch von außen eine interessante Sehenswürdigkeit
Metro-Station: 15 Gehminuten von der Station Solna Centrum entfernt (oder fünf Gehminuten von der S-Bahn-Station Solna Station)

Gibt es wirklich eine echte Hexe, die ihre Magie in einem hohen Turm auf einem Hügel praktiziert? Nun, in Solna ist das möglich. Als 1908 eine Eisenbahn durch das Viertel gebaut wurde, sank das Grundwasser, das für die Wasserversorgung genutzt wurde, und zwang die Bewohner, ihr Wasser stattdessen aus dem Malären-See zu beziehen. Da dies recht unpraktisch war, wurde ein Wasserturm gebaut.

Entworfen vom berühmten Architekten Ivar Tengbom (auch verantwortlich für die Högalidskirche und das Konzerthaus) im Stil der Nationalromantik, umfasste er auch eine Wohnung für den Maschinisten. Ende der 1930er-Jahre war der Bau bereits überflüssig geworden, da man sich mit Wasser von anderswo versorgen konnte. In den 1970er-Jahren riss man die alten Häuser, die ihn umgaben, ab und errichtete an ihrer Stelle Hochhäuser mit billigen Wohnungen.

Da laut dagegen protestiert wurde, beschloss man, die Gebäude blau anzumalen, damit sie mit dem Himmel verschmolzen. Netter Versuch, aber natürlich ist der Himmel nicht so oft wirklich blau. Im Volksmund nannte man die hässlichen Gebäude auf dem Hügel bald *blakula* („Blauer Hügel"), was auch der traditionelle Name des Ortes ist, an dem sich Hexen zum Tanz mit Satan versammeln – so der schwedische Volksglaube.

Die Nationalhexe Schwedens

1998 erhielt ein Verwaltungsrat der Gemeinde Solna einen Anruf von einer Frau, die sich als Hexe ausgab und den Turm mieten wollte. Zunächst konnte er einige Minuten lang nicht aufhören zu lachen. Aber da es kein Scherz war, wurde bald ein Mietvertrag unterzeichnet und die Hexe zog im Turm ein. Ihr Name ist Rosie Björkman (1957 in Schweden geboren), bekannt als Nationalhexe Schwedens, die in den 1990er-Jahren eine beliebte TV-Show hatte. Auch Jolanda die Dritte genannt, schrieb sie mehrere Bücher und hat ihre eigenen Tarotkarten entworfen. Sie lebt in einer normalen Wohnung in derselben Gegend und beschreibt sich selbst als Umweltschützerin und spirituelle Guerillakämpferin, die alternative Regierungssysteme präsentiert und für eine egalitäre Gesellschaft ohne Hierarchie eintritt.

Im Inneren haben Björkman und ihr Hexenkreis den Turm mit okkulten Wandgemälden in lebhaften Farben (mit Göttin, Eulen, Delfinen und mystischen Symbolen), Altären und verschiedenen magischen Instrumenten und Utensilien dekoriert. Die Decke der achteckigen Ritualkammer ist etwa zehn Meter hoch, und die Wände sind völlig ungedämmt, was bedeutet, dass die magischen Aktivitäten sich auf die wärmeren Jahreszeiten beschränken.

DAS OLLE-OLSSON-HAGALUND-MUSEUM ㉛

Altes Haus trifft auf Hochmoderne

Spetsgatan 2 – Mittwochs und sonntags von 12–16 Uhr

Das ehemalige Heim des naiven Malers Olle Olsson (1904–1972) ist ein gutes Beispiel für die hübsche Verspieltheit des Cottage-Stils im 19. Jahrhundert, die dem dystopisch modernistischen Brutalismus der 1970er-Jahre gegenübersteht. Beide sind auf ihre Art typisch für Schweden, aber selten sieht man sie so nahe beieinander.

Die von Olssons Großvater 1897 erbaute Villa ist ein schönes Beispiel für fantasievolle Holzarchitektur. Damals gab es hier viele solcher Häuser, aber in einer umstrittenen Entscheidung beschloss die Stadtverwaltung ihren Abriss, um Ende der 1960er-Jahre mit der Neugestaltung zu beginnen. Olsson war so traurig über den Abriss des malerischen Viertels, in dem er sein ganzes Leben verbracht hatte, dass er aufhörte zu malen. Die Olle-Olsson-Villa ist heute ein Museum, das seiner Kunst und der Geschichte des Viertels gewidmet ist. Ein Besuch lohnt sich nicht nur wegen seiner Werke, sondern auch wegen des interessanten Kontrastes zwischen den Baustilen.

Auf dem Hügel über Olssons Haus stehen heute acht blaue 14-stöckige Gebäude mit jeweils 100 Metern Breite. Sie wurden zwischen 1969 und 1973 errichtet und sind charakteristische Beispiele für die damalige Architektur, die bei den meisten Schweden nie sehr beliebt war. Viele der Mieter waren neue Zuwanderer, und die Gegend hatte wegen ihrer hohen Kriminalitätsrate einen schlechten Ruf. Das änderte sich später, da die Stadt versuchte, die Gegend aufzuwerten, indem sie mehr Grün pflanzte und heruntergekommene Einrichtungen renovierte. Die Tatsache, dass viele der Wohnungen in private Wohngenossenschaften umgewandelt wurden, hat sich ebenfalls positiv ausgewirkt (auch wenn jüngst Schießereien und Bombenanschläge ihrem Ruf erneut geschadet haben).

FILMSTADEN

(32)

Das alte Filmgelände, auf dem Ingmar Bergman arbeitete

Greta Garbos Väg 3.
Freitag bis Sonntag 11–18 Uhr, Führungen sonntags
Metro-Station: Näckrosen

Filmstaden („die Kinostadt") ist das alte Studiogelände aus dem Jahr 1920, auf dem viele wichtige Werke der schwedischen Filmgeschichte produziert wurden. Mehr als 400 Filme und Fernsehserien wurden dort gedreht, bevor es 1999 seine Pforten schloss. Überraschenderweise ist es in Stockholm wenig bekannt, aber für Besucher geöffnet.

Der Eingang zur Filmstaden mit ihrem schmiedeeisernen Portal steht noch heute. Daneben liegt das Haus des Pförtners, der mit zwei großen Hunden Autogrammjäger und andere Fans fernhielt. Er überwachte auch den Umgang mit den gefährlichen Nitrofilmen, die in der Frühzeit des Kinos verwendet wurden. Heute ist dieses Haus ein Film-Café im Retro-Stil. Spaziert man über das Gelände, kann man sich die hektische Betriebsamkeit vergangener Tage gut vorstellen, auch wenn es heute ziemlich ruhig ist.

Das alte Laborgebäude (heute die schwedischen Büros von Universal Pictures) hatte aufgrund der Nitrofilme eine spezielle feuer- und explosionssichere Konstruktion. Bis zu 25.000 Meter Film konnten an einem einzigen Tag verarbeitet werden, und von hier aus wurden alle Kopien an sämtliche Kinos in Schweden verteilt.

In Anlehnung an die Babelsberger Filmstudios in Berlin baute der Architekt Ebbe Crone riesige Hallen mit Dächern und Wänden aus Glas, ohne Stützpfeiler in der Mitte (um Licht und Raum für die Filmaufnahmen zu schaffen).

1919, noch bevor das Studio komplett fertig war, drehte man in Filmstaden den Stummfilmklassiker *Der Fuhrmann des Todes* (*Körkarlen*, erschienen 1921), unter der Regie von Victor Sjöström und basierend auf einem Roman von Selma Lagerlöf. Sjöström war ein Mentor Ingmar Bergmans, der seine ersten Erfahrungen im Film-Business genau hier machte. Als er sich später als Regisseur versuchte, war Bergman – bescheiden wie immer - „überzeugt, dass er schnell der größte Filmregisseur der Welt werden würde". Mehr als die Hälfte seiner Filme wurde hier gedreht.

Zu diesen Filmen zählte der große Klassiker *Det sjunde Inseglet* („*Das siebente Siegel*", 1957), der in nur 35 Tagen fertiggestellt wurde. Er beinhaltete mehrere dramatische Szenen im Freien, darunter eine öffentliche Hexenverbrennung. Die Szene wurde mit Hilfe des örtlichen Feuerwehrkommandanten vorbereitet und von einem riesigen Publikum von den Fenstern und Balkonen des Hochhauses nahe Filmstaden beobachtet.

Zur Erinnerung an Bergmans Werk errichtete man auf dem Gelände eine Skulptur von Peter Linde namens *Teatervagnen* („*Theaterwagen*"), die mehrere Figuren aus *Det sjunde Inseglet* umfasst, darunter den personifizierten Tod und den Ritter Antonius Block.

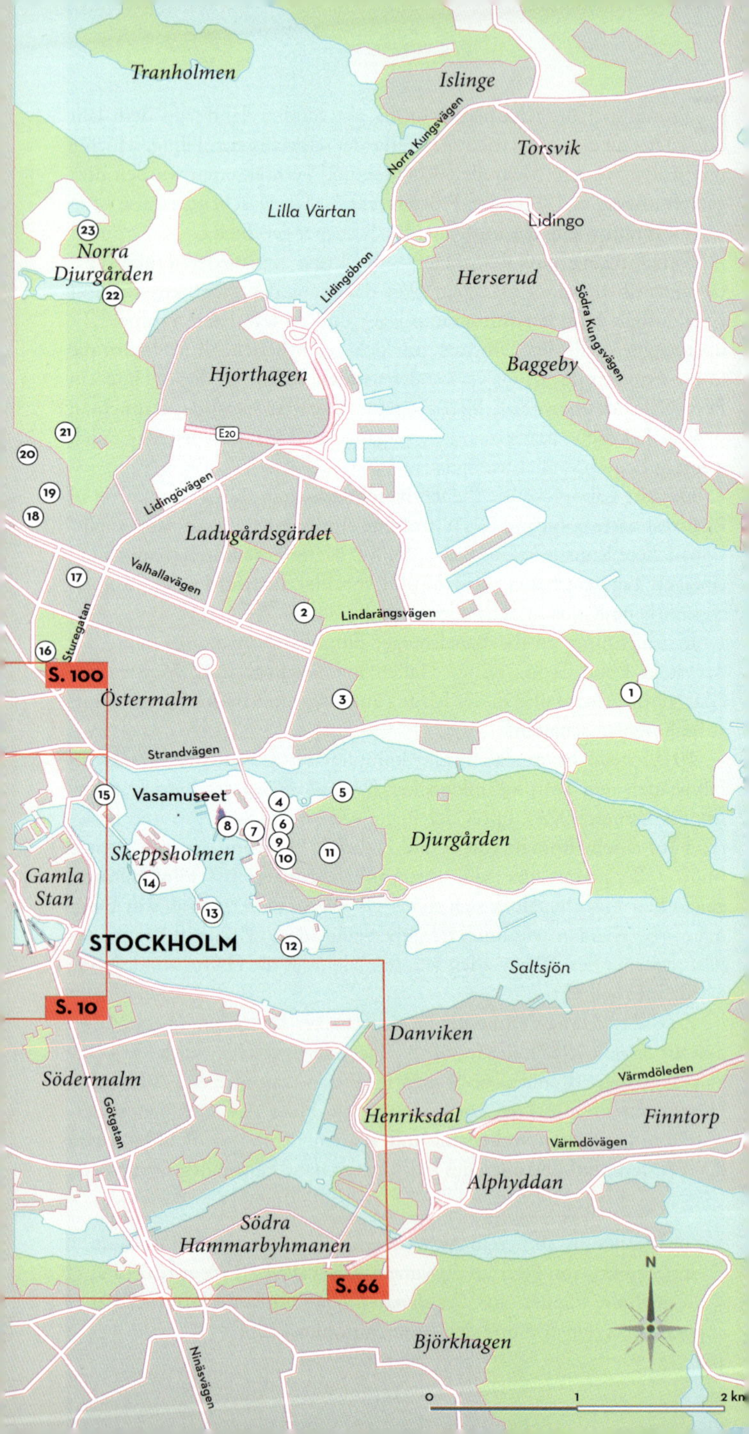

Tranholmen
Islinge
Torsvik
Norra Kungsvägen
Lilla Värtan
Lidingo
23
Norra Djurgården
22
Lidingöbron
Herserud
Södra Kungsvägen
Baggeby
Hjorthagen
E20
21
20
19
18
Lidingövägen
Ladugårdsgärdet
Valhallavägen
17
2
Lindarängsvägen
Sturegatan
16
S. 100
Östermalm
3
1
Strandvägen
15
Vasamuseet
4
5
8
7
6
9
10
11
Djurgården
Skeppsholmen
Gamla Stan
14
13
STOCKHOLM
12
Saltsjön
S. 10
Danviken
Södermalm
Värmdöleden
Götgatan
Henriksdal
Finntorp
Värmdövägen
Alphyddan
Södra Hammarbyhmanen
S. 66
N
Björkhagen
Ninäsvägen
0
1
2 km

Der Nordosten

DER KAKNÄS-TIERFRIEDHOF ①

Katzen, Hunde, ein Komodowaran und ein Käfer …

Kaknäsvägen 38 – Der Friedhof ist rund um die geöffnet
Bus 69 zur Kaknäsvägen. Gehen Sie die Kaknäsvägen entlang und am Djurgården IP vorbei bis zur Lindarängsvägen und folgen Sie dann dem Kiesweg etwa 150 Meter in den Wald hinein

Im Wald zwischen dem Kaknäs-Turm und dem Lidingöbro-Inn befindet sich Stockholms Tierfriedhof, der mehr als 100 Jahre alt ist. Lange Zeit war er keine offiziell anerkannte Begräbnisstätte, was die trauernden Haustierbesitzer jedoch nicht davon abhielt, ihn zu nutzen.

Die begrabenen Tiere sind meist Katzen und Hunde, aber hier liegen auch Ratten, Kaninchen, Hamster, Schildkröten, Papageien und sogar ein Komodowaran. Es gibt sogar eine Grabmarkierung für einen Käfer. Auch Pferde wurden hier begraben, darunter die berühmten Polizei-

pferde Utter und Vanten, die Freunde waren und nun nebeneinander ruhen. Ein noch berühmteres Pferd, das dort seine letzte Ruhestätte hat, ist Don Juan, der von Ritter Antonius Block (gespielt von Max von Sydow) in Ingmar Bergmans legendärem Film *Das siebente Siegel* (*Det sjunde inseglet*, 1957) geritten wurde.

Der Friedhof war eher spontan entstanden, nachdem der Autor August Blanche (1811–1868) seinen Hund Nero hier beerdigt hatte. Nero war ursprünglich in der Stadt begraben worden, aber Straßenbaumaßnahmen erforderten eine Verlegung des Grabsteins und der Urne. Über diese Verlegung wurde in den Medien sehr emotional berichtet, da Blanche einer der populärsten Autoren seiner Zeit war. Bald darauf ließen auch andere ihre toten Haustiere in der Nähe von Neros Grab beerdigen.

Heute wird der Friedhof vom pensionierten Gärtner Erik Westerberg verwaltet, der vor mehr als 30 Jahren in einer Zeitung darüber las. Zu dieser Zeit handelte es sich noch um keinen offiziellen Friedhof. Nach langen Bemühungen gelang es ihm allerdings, eine Bestattungsbewilligung zu erhalten, und er übernahm offiziell die Verwaltung des Friedhofs (gemeinsam mit dem Schwedischen Kennel Club).

Tiere müssen vor ihrer Beerdigung eingeäschert werden. Bei der Ankunft auf dem Friedhof trifft der Friedhofsverwalter die Tierbesitzer. Der Bestattungsritus beginnt damit, dass er ein paar Worte über die Geschichte des Ortes sagt und dann das Gebet des hl. Franziskus, des Schutzpatrons der Tiere spricht (Franziskus war im 12. und 13. Jahrhundert unter anderem dafür bekannt, mit Tieren sprechen zu können), während die Urne mit der Asche in das Grab gelegt wird. Manche möchten, dass ein Priester anwesend ist oder dass passende Musik gespielt wird, was beides möglich ist.

Viele Tierbesitzer besuchen ihre lieben Weggefährten regelmäßig. Einige Grabsteine sind ziemlich opulent gestaltet, mitunter auch sehr kitschig, aber die aufrichtige Herzlichkeit ist oft rührend. Man kann dort leicht eine Stunde verbringen und die Inschriften lesen, die mitunter kurios aber auch tieftraurig sind.

DAS AUGE AUF DEM FILMHUSET ②

Eine ironische Geste im Kalten Krieg

Borgvägen 1
Metro-Station: Karlaplan

Das Filmhuset ist ein monumentales brutalistisches Gebäude aus dem Jahr 1971, auf dessen Fassade ein seltsames Auge angebracht ist. Das Museum beherbergt unter anderem das Schwedische Filminstitut und die Fakultät für Filmwissenschaft der Universität Stockholm und wurde von dem einflussreichen Architekten Peter Celsing entworfen.

Es heißt, dass Celsing und der Regisseur des Filminstituts, Harry Schein, den ursprünglichen Entwurf auf eine Serviette in der Opernbar gezeichnet hätten, als sie das Konzept entwickelten.

Leider steht ein Bürogebäude des schwedischen Militärs gegenüber dem westlichen Ende des Filmhuset, das forderte, diese Seite ohne Fenster zu bauen. Der linke Ruf schwedischer Filmemacher und Filmstudenten hat ihre Bedenken wohl noch verschärft. Sie wollten nicht, dass bärtige Kommunisten ihre Ferngläser auf die Militärbüros richteten. Celsing stimmte dem zu, reagierte aber sarkastisch, indem er an dieser Gebäudeseite ein gigantisches, starrendes Metallauge anbrachte.

Das glänzende Stahlauge ist von den Seiten, aus denen man sich in der Regel nähert, nicht zu sehen, sondern nur, wenn man im richtigen Winkel steht. Es ist also ein amüsantes architektonisches Kuriosum, das von den meisten Besuchern unbemerkt bleibt.

Um es zu sehen, muss man über den halbrunden Parkplatz auf der Westseite zwischen dem Filmhuset und dem Försvarets Materielverk hindurchgehen. Wenn Sie Fotos machen möchten, achten Sie darauf, dass Sie Ihre Kamera nicht auf das Militärgebäude richten.

Auch im Rest des Gebäudes findet man viele verspielte Details, die aber auf die Filmkunst verweisen. Die Fenster in den oberen Geschossen erinnern an die perforierten Löcher in den Filmstreifen, ebenso die Halbkreise an den Seiten der Betonblöcke, die die Fassade der unteren Geschosse bilden. Die runden Treppenhäuser sehen, von oben betrachtet, aus wie aufgerollte Filmstreifen. Die Fahrstuhltüren ähneln Schminkspiegeln. Einige der unpraktischeren Details, die Celsing sich ausdachte, wurden schließlich entfernt, zum Beispiel unglaublich dicke und grobe Teppiche im Eingangsbereich, auf denen sich viele Mitarbeiter die Knöchel verstauchten sowie die rutschigen Marmorinseln im roten Teppich des Foyers (wo der Architekt Galapremieren-Gäste tanzen sehen wollte). Eine schöne Neuerung ist die rote, neonartige Zickzack-Beleuchtung an der Decke der langen Rampe, die zum Eingang führt. Sie nimmt dem Gebäude etwas von der bedrückenden Atmosphäre, das es an einem grauen Tag ausstrahlen kann.

DAS ITALIENISCHE KULTURINSTITUT

③

Ein modernistischer Traum von Giò Ponti

Gärdesgatan 14 – Metro-Station: Karlaplan
Geöffnet für zahlreiche Events und regelmäßige Kurse. Tagsüber kann man Teile des Innenbereichs durch die großen Fenster des Anbaus sehen

Das vom italienischen Architekten Giò Ponti (1891–1979) entworfene italienische (Kultur-)Institut ist ein ästhetisches Juwel aus der Jahrhundertmitte, sowohl in Bezug auf sein markantes Äußeres als auch wegen der hochwertigen Innenausstattung und Möblierung.

Der Standort, neben der großen Grünfläche von Gärdet, kam zustande, nachdem die schwedische und die italienische Regierung eine bilaterale Landspende in Stockholm bzw. Rom initiiert hatten. Ziel war es, die schwedisch-italienischen kulturellen Beziehungen durch die Errichtung von Gebäuden für den kulturellen Austausch zu stärken. Stockholm wurde mit diesem herrlichen, schlanken und dezent geschwungenen Gebäude von Ponti (unterstützt vom Schweden Ture Wennerholm) gesegnet, Rom erhielt dafür das schwedische Institut, das von Ivar Tengbom entworfen wurde.

Pontis Kreation wurde sowohl mit einem Schiffsrumpf verglichen (tatsächlich hatte Ponti Möbel für Überseedampfer gestaltet, die Parallele ist also naheliegend) als auch mit einem eleganten, im Gras abgelegten, Damenschuh. Die Fassade ist mit einem weißen Mosaik bedeckt, das verführerisch in der Sonne glitzert.

Mit dem Hauptgebäude verbunden ist ein mit senfgelben Fliesen verkleideter Nebenbau. Er umfasst einen Vorführraum inklusive Bühne mit Platz für 300 Personen, dessen Deckenleuchten geschickt hinter einem Rautenmuster verborgen sind (wer sie entworfen hat, ist nicht ganz klar: Ponti oder sein Kollege Pier Luigi Nervi).

Ponti suchte auch Möbel, Beleuchtung, Dekoration und Materialien für die Innenausstattung aus. Der Veteran arbeitete nicht zum ersten Mal an einem italienischen Kulturinstitut, da er 1935 bereits das Palais Fürstenberg in Wien saniert hatte. In Stockholm jedoch durfte er es von Grund auf gestalten und drückte allem so gründlich seinen Stempel auf, dass das Projekt als Ponti-Gesamtkunstwerk bezeichnet werden muss. Er brannte nicht nur für die Architektur, sondern auch für die Töpferkunst, Möbel- und Textildesign, die Malerei und andere Künste. Das lässt sich in dem von ihm erschaffenen Stockholmer Gebäude auch wirklich erkennen.

Im Erdgeschoss des Hauptgebäudes befinden sich Büros und eine Bibliothek, im ersten Stock Hörsäle und im zweiten Stock Unterkünfte für Studenten, den Direktor sowie den Vizedirektor, einschließlich einer Gemeinschaftsküche und Aufenthaltsbereichen. Der gesamte Innenbereich ist mit wunderschönen Möbeln und Textilien ausgestattet; die Treppen und das unregelmäßige Geländer zum Beispiel sind wahre Kunstwerke.

Aber das Institut ist keineswegs ein trockenes, totes Museum. Vielmehr geht es hier sehr betriebsam zu: Man kann Italienisch-Kurse besuchen oder Ausstellungen und Veranstaltungen – in der Regel kostenlos.

DIE VILLA LUSTHUSPORTEN

4

Eines der vielseitigsten Häuser in Stockholm

Rosendalsvägen 3
Ein Privathaus, aber durch den Zaun hat man zu jeder Tageszeit einen guten Blick darauf
Metro-Station: 15 Gehminuten von der Station Karlaplan entfernt

Die erste Version der heutigen Villa wurde in den 1870er-Jahren am einstigen Standort eines bekannten Gasthauses, das 1869 abbrannte, vom Kaufmann Alfred Brinck im italienischen Stil erbaut. Die Fassade war im Renaissance-Stil gestaltet und hatte einen Seitenturm. Brinck verkaufte das Haus 1882 an einen anderen Kaufmann, Edvard Liljewalch. Der übergab es anschließend an die Organisatoren der Stockholmer Ausstellung von 1897. Im Rahmen der Ausstellung wurden die Ställe, das Gewächshaus und andere kleinere Gebäude der Villa abgerissen, während das Hauptgebäude als Pressepavillon fungierte und der Keller von der Polizei als Haftzentrum genutzt wurde.

Danach kaufte Hjalmar Wicander (1860–1939), der mit seinen Korkfabriken ein Vermögen machte, die Villa. Der Kunstsammler mit exquisitem Geschmack ließ sie vom Architekten Carl Möller (1857–1933) zu einem repräsentativen Eigenheim umgestalten. Möller behielt die Strukturen des alten Gebäudes bei, ließ aber Merkmale im Stil der nordischen Renaissance-Architektur, zeitgenössischer englischer Villen und dem internationalen Jugendstil, der damals hochmodern war, einfließen.

Mit einem Fernglas kann man all die skurrilen Details an der Fassade bewundern, die mit Vögeln, Fischen und grinsenden Gesichtern aus Stein verziert ist.

Das Innere ist ebenfalls opulent, mit eichengetäfelten Wänden und vielen witzigen Holzfiguren, die in Türen und andere Gegenstände eingearbeitet sind. Insgesamt wirkt es wie ein Haus im Stile Harry Potters. Es würde niemanden überraschen, würde eines der geschnitzten Koboldgesichter zu sprechen beginnen.

Als Wicander 1939 starb vermachte er das Haus dem Nordischen Museum, worauf es die Heimat des Instituts für Völkerkunde und der Fakultät mit dem gleichen Schwerpunkt der Universität Stockholm wurde.

Damals wohnte auch ein Professor im Haus. Die besondere Atmosphäre der Villa war so ansprechend, dass einige Studenten sogar gerade deswegen das Fach Völkerkunde wählten. Die Wissenschaftler haben das Gebäude inzwischen verlassen, das Haus ist nun an ein Unternehmen vermietet.

> Der ehemalige Stall, über dessen Türen schön gestaltete Pferdeköpfe angebracht sind, ist heute eine von Eltern organisierte Montessori-Vorschule.

DIE SKÅNSKA GRUVAN

⑤

Eine ehemalige nachgebaute Mine, ein Luftschutzkeller und ein Pavillon der Stockholmer Ausstellung von 1897

Rosendalsvägen 14
Das Café ist an den meisten Tagen von 9–15 Uhr geöffnet.
Metro-Station: 15 Gehminuten von der Station Karlaplan entfernt

Die Skånska Gruvan („skandinavische Mine"), ein kapriziöses Gebäude, das als einer der Pavillons für die Stockholmer Ausstellung 1897 errichtet wurde, blickt auf eine spannende Geschichte zurück. Es ist heute einer von nur drei der übriggebliebenen einst

zahlreichen vom Architekten Gustaf Wickman entworfenen Pavillons.

Stilistisch sehr vielfältig, kombiniert es Elemente von spanischen Häusern, Renaissance-Palästen und nordamerikanischen Industriebauten und integriert schöne Fliesenarbeiten sowohl in abstrakten Mustern als auch mit Blumenmotiven in Vasen.

Die Ziegel-, Fliesen-, Zucker-, Kalk-, Zement- und Kohleindustrien aus der Region Schonen finanzierten einst das Projekt. Bei genauerem Hinsehen sind die Firmennamen immer noch zu erkennen: Cementbolaget auf dem Treppengeländer sowie Höganäs und Maltesholm auf der Frontfassade. Der Name des Gebäudes leitet sich von der nachgebauten Mine ab, die bei der Ausstellung die Hauptattraktion war und rund 70.000 Besucher anlockte. Als Teil der Bergbauausstellung konnte man in einem Korb durch den hohen Kamin des Gebäudes hinunter-

fahren. Der Korb bewegte sich sehr langsam, und die Wände waren mit einem Tuch bedeckt, das in rasche Bewegung versetzt wurde und so den Eindruck erweckte, man würde tief in einen Grubenschacht hinabfahren. Diese Spielerei war die Hauptattraktion.

Nach dem Ende der Weltausstellung wurde die Bergbauausstellung jedoch stufenweise abgebaut. Heute ist nichts mehr davon übrig.

Bis 1924 nutzte das nahe Freilichtmuseum Skansen das Gebäude für einen Teils seiner Sammlung, schloss es dann aber für die Öffentlichkeit und nutzte es als Lager. Im Zweiten Weltkrieg wurden die in den Berg ragenden Räume gesprengt und vergrößert und dienten als Luftschutzräume. Ab den 1960er-Jahren lagerte das Seehistorische Museum auch einen Teil seiner Sammlungen dort.

1977 brannte das Haus ab, übrig blieben nur die Mauern. Die Fas-

© Jopparn

sade wurde so rekonstruiert, dass sie in etwa dem Original entsprach, aber mit blinden Fenstern und ohne nutzbare Struktur dahinter. Erst zwischen 1999 und 2001 wurde es komplett renoviert und wieder öffentlich zugänglich gemacht. Heute beherbergt es ein Café.

Ein Ort, an dem man heimlich die Goldreserven des Landes lagert?

Man erzählt sich, dass die schwedische Nationalbank (Riksbanken) heimlich die Goldreserven des Landes in den Tiefen von Skånska Gruvan lagert – was Mitarbeiter und andere nicht bestätigen konnten.

ALLMÄNNA
KONST- OCH INDUSTRI-
UTSTÄLLNINGEN
STOCKHOLM
15 MAJ 1897 1 OKT.

Die Ausstellung von 1897

Die Kunst- und Industrieausstellung in Stockholm von 1897 (*Allmänna konst- och industriutställningen*), auch als Stockholm-Ausstellung oder Stockholmer Weltausstellung (*Stockholmsutställningen*) bekannt, war eine Weltausstellung in der Stadt. Auf Antrag mehrerer schwedischer Organisationen im Jahr 1893 genehmigte König Oscar II. eine Kunst- und Industrieausstellung, die 1897, seinem 25. Krönungstag, stattfinden sollte. Die 3722 Aussteller waren auf die Länder Schweden, Finnland, Norwegen, Dänemark und Russland beschränkt, obwohl Kanada und Deutschland mehrmals um Teilnahme gebeten hatten. Das Ausstellungsgelände befand sich auf der Insel Djurgården, und viele der heutigen Gebäude im westlichen Teil der Insel sind Überreste der Ausstellung. Dazu gehören Djurgårdsbron, die Hauptbrücke zur Insel, und die Skansens Bergbana (Standseilbahn, heute im Freilichtmuseum und Zoo von Skansen). Eines der markantesten Gebäude der Ausstellung war eine spektakuläre, 16820 Quadratmeter große, vom Architekten Ferdinand Boberg entworfene Holzhalle mit einer 100 Meter hohen Kuppel und vier Minaretten. Wie viele andere Pavillons aus nicht beständigen Materialien wurde sie nach der Ausstellung abgerissen.

FISKERI
HALLEN

KONST- OCH INDUSTRI-UTSTÄLLNINGEN I STOCKHOLM 1897

Was blieb von der Ausstellung?

Nach dem Ende der Ausstellung am 3. Oktober 1897 wurde die große Industriehalle mit vielen anderen Pavillons abgerissen. Einige sind jedoch erhalten geblieben.

An ihren ursprünglichen Orten stehen immer noch:

- Die Bäckerei Reinhold, jetzt ein Restaurant (Wardshuset Ulla Winbladh).
- Der Pavillon des Königlichen Jagdvereins, heute ein Privathaus (siehe S. 258 – Jägarhyddan).
- Der Pavillon der Diamond Rock Drill Co.
- Die Skånska Gruvan (Skandinavische Bergbaumine) (siehe S. 244).
- Die Villa Lusthusporten (siehe S. 242 – erbaut vor 1873, wurde aber während der Ausstellung als Pressepavillon und Haftanstalt genutzt).

Mehrere Pavillons wurden nach Skansen verlegt, darunter die Gebäude Bragehallen und Fröstorp.

Andere, wie das Biologiska Museet und das Nordische Museum wurden nicht eigens für die Ausstellung gebaut, waren aber Teil des Ausstellungsbereichs.

Einige Pavillons wurden auch an andere Orte in Stockholm oder in der Nähe gebracht, wie die Villa Björkudden, die nach Tynningsö im Stockholmer Schärengarten verlegt wurde.

DAS BIOLOGISCHE MUSEUM

⑥

Ein faszinierendes Museum im alten Stil mit einem Tier, das es nie gab

Hazeliusporten 2
biologiskamuseetsvanner.se
Nur zu besonderen Anlässen geöffnet; siehe Website
Metro-Station: 15 Gehminuten von der Station Karlaplan entfernt

Das Biologische Museum (Biologiska Museet), das 2025 wiedereröffnen wird, ist ein spannendes Ausflugsziel im traditionellen Stil. Sein Gründer Gustaf Kolthoff (1845–1913) war Restaurator an der Zoologischen Fakultät der Universität Uppsala und fand die Art, wie Museen ausgestopfte Tiere in Glaskästen präsentierten, schon früh befremdlich.

Ausgehend von Darwins Ideen zur Anpassung an die Umwelt wollte er sie in einem Kontext zeigen, der ihrem Lebensraum so ähnlich wie möglich war. Aus diesem Grund sind die rund 300 Tiere im Museum zuweilen recht schwer zu erkennen, da Kolthoff unter anderem die natürliche Tarnung durch Form und Farbe präsentieren wollte. Aus ähnlichen Gründen entschied er sich, die meisten Exponate nur mit Naturlicht, das von den riesigen Fenstern an der Decke kam, zu beleuchten.

Kolthoff wurde von seinem Freund und Jagdgenossen Bruno Liljefors (1860–1939) unterstützt, der die Hintergründe für die Panoramadioramen malte, in die die Tiere integriert sind. Liljefors war einer der

berühmtesten Künstler Schwedens, und ihre gemeinsamen Bemühungen machten die drei Stockwerke des Museums zu einem kuriosen, traumähnlichen Erlebnis.

Noch seltsamer ist das imaginäre Tier im Erdgeschoss: Der *skvader*, ein Hase mit dem Hinterteil eines Auerhahns. Es entstammt den abstrusen Jagdgeschichten von Håkan Dahlmark über einen geflügelten Hasen, die in den 1870er-Jahren populär waren. Die im Museum ausgestellte Kreatur besteht natürlich aus den Präparaten beider Tiere. Ähnlich seltsame Tiere finden sich in der *Naturalis Historia* (ca. 77–79) von Plinius dem Älteren und in der US-Folklore als *„jackalope"*.

Es gibt auch eine Bärenfamilie, die sehr menschlich präsentiert wird, wobei die Mutter steht und eines ihrer Jungen an der Hand hält. Weder der *skvader* noch die Bären sind Teil von Kolthoffs Originalausstellung.

Kolthoff wurde von mehreren prominenten und wohlhabenden Mäzenen unterstützt, das Grundstück kam sogar vom König höchstpersönlich. Das Museum wurde im Stil der norwegischen Stabkirchen aufwendig gestaltet und am 11. November 1893 eröffnet. Die Öffentlichkeit war begeistert. Oft kamen ausländische Wissenschaftler zu Besuch, manchmal war es auch Teil des Programms für Staatsbesuche.

Kolthoffs radikaler Ansatz wurde jedoch 1910 in Frage gestellt, da viele meinten, das Museum sei veraltet und müsse verlegt oder abgerissen werden (heute ist dieser „veraltete" Aspekt das Faszinierendste daran). Dazu kam es zwar nicht, aber das öffentliche Interesse schrumpfte im Laufe der Jahre.

Das Museum wurde 2017 wegen des schlechten Zustands des Gebäudes und der extrem geringen Besucherzahl geschlossen, öffnet aber gelegentlich für besondere Veranstaltungen.

Vor der Wiedereröffnung wird es Renovierungsarbeiten unterzogen. Inzwischen organisieren die Freunde des Biologischen Museums auf dem Gelände ein Programm, das sich mit Natur-, Kunst- und Klimafragen befasst. Und das Gebäude selbst ist mit seiner aufwendig geschnitzten Holzfront im altnordischen Stil selbst von außen ein faszinierender Anblick.

DER *DC-3 79001* HUGIN GEDENKSTEIN

⑦

Als Schweden im Zuge einer seltsamen und ungeklärten Schießerei fast in einen Krieg mit den Sowjets geriet

Friedhof Galärvarvet – Djurgårdsvägen 28
Rund um die Uhr geöffnet
15 Gehminuten von der Metro-Station Karlaplan entfernt

Auf dem Friedhof Galärvarv, nahe der Mauer zum Nordischen Museum, steht auf einem schwarzen Stein geschrieben: „zum Gedenken an die Besatzung der *DC-3 79001 Hugin*“, gefolgt von einigen Namen und dann „am 13. Juni 1952 über der Ostsee gefallen“. Oben ist ein Flugzeug eingraviert. Doch Schweden hat seit mehr als 200 Jahren keinen Krieg mehr geführt. Die *DC-3* war ein unbewaffnetes schwedisches Luftwaffenflugzeug, das 1952 von sowjetischen Militärjets über internationalen Gewässern auf dem Rückweg zum Flughafen Bromma abgeschossen wurde.

Es kam zu einer diplomatischen Krise und fast auch zu einer militärischen Konfrontation. Den Behörden zufolge war die *DC-3* damals auf einem Navigationsübungsflug. Flugzeug und Besatzung verschwanden spurlos bis auf eine Rettungsinsel, die voller Löcher war. Drei Tage danach sandte man zwei Catalina-Flugboote aus, um sie nördlich von Estland zu suchen. Wieder schossen sowjetische Flugzeuge eines von ihnen ab. Die Besatzung wurde von einem westdeutschen Frachtschiff gerettet.

Fast 40 Jahre später wurde bekannt, dass die *DC-3* tatsächlich britische Ausrüstung transportiert und Überwachungsflüge für die NATO durchgeführt hatte – trotz Schwedens Neutralität. Die Sowjetunion stritt lange jede Verantwortung ab, doch 1991 bestätigte eine, vom Präsidenten Boris Jelzin genehmigte, offizielle russische Erklärung, was man schon lange wusste: Der sowjetische General Fjodor Schinkarenko befahl, die *DC-3* über internationalen Gewässern abzuschießen.

Das Flugzeugwrack, das Taucher 2003 fanden, enthielt vier Leichen. Was mit den anderen vier passierte, bleibt offen. Theorien zufolge nahm sie ein sowjetisches Torpedoschiff auf und übergab sie in Tallinn den sowjetischen Behörden. Die Witwe eines Besatzungsmitglieds erhielt Anfang der 1980er-Jahre eine Postkarte aus Leningrad, von der sie glaubte, dass ihr Mann sie geschickt hätte. Zudem war der russischsprachige Telegrafist der *DC-3*, Erik Carlsson, angeblich ein KGB-Spion, der den Sowjets einen Tipp gegeben hatte. Geheimdienstunterlagen bestätigen, dass Carlsson als Spion und Kommunistenfreund verdächtigt wurde. Der sowjetische Pilot, der auf die *DC-3* feuerte, hatte einen Mann das Flugzeug mit einem Fallschirm verlassen sehen (zog die Aussage aber später zurück). Da es keine Beweise für seine Schuld gibt, bleibt Carlssons Name bei den anderen auf dem Gedenkstein.

DER VASA-GARTEN

⑧

Ein rekonstruierter Garten aus dem 17. Jahrhundert

Galärvarvsvägen 14
Ganztägig geöffnet
Metro-Station: 15 Gehminuten von der Station Karlaplan entfernt

Während Touristenhorden das Wrack des Vasa-Schiffes besuchen, liegt neben dem Museum ein verstecktes Juwel: ein rekonstruierter Kräutergarten aus dem 17. Jahrhundert.

Alle Pflanzen, die dort wachsen, wurden zu jener Zeit angebaut, als die Vasa sank und umfassen Gemüse, Heilpflanzen und Blumen – Lebensmittel und Medizin für Adlige, Bauern und Seeleute gleichermaßen. Zwischen den Blumenbeeten befinden sich wunderschön bemalte, lebensgroße Holzfiguren von Bauern und Gärtnern aus der damaligen Zeit. Man kann durch den kleinen Garten schlendern, alles berühren, daran riechen und sogar davon kosten. Das Spazieren durch den ruhigen Garten ist wirklich ein Fest für alle Sinne und ein tolles Erlebnis für Kinder.

Eine der wichtigsten Pflanzen dort ist der Hopfen, der an Spalieren rankt, und dessen Anbau ab dem Mittelalter in Schweden per Gesetz geregelt wurde, um eine konstante Versorgung aller sozialen Schichten mit Bier zu gewährleisten. Neben Brot war dies die wichtigste Kost an Bord eines Schiffes wie der Vasa – eine Ernährung, die wenig überraschend auf langen Fahrten bei vielen Seeleuten zu Skorbut führte. Hier wächst auch Flachs, der zur Herstellung von Kleidung und Segeln sowie als Arzneimittel gegen Husten und Magenschmerzen verwendet wurde. Viele der Pflanzen im Garten hatten medizinische Zwecke, und auf den Schiffen war es der Bader (eine Art Arzt), der die Kräuterkunde pflegte.

„Der Chefgärtner muss wissen, dass die Aussaat und Pflanzung im Einklang mit den Planeten und den zwölf Tierkreiszeichen stattzufinden hat."

Im Garten stehen auch Schilder mit kleinen Zitaten aus historischen Quellen über den Anbau von Pflanzen, zum Beispiel: „Im Monat Mai muss man den Kohl düngen und genügend Kohl pflanzen, um einen Vorrat für das ganze Jahr zu haben", aus einem Almanach aus den 1520er-Jahren. Etwas esoterischer lautet die Aussage aus einem schwedischen Haushaltsratgeber aus den 1660er-Jahren: „Der Chefgärtner muss wissen, dass die Aussaat und Pflanzung im Einklang mit den Planeten und den zwölf Tierkreiszeichen stattzufinden hat." Eine weitere Mahnung aus den 1660er-Jahren ist ebenfalls bemerkenswert: „Die Erde ist das Wichtigste, was wir haben. Wir sollten sie deshalb nähren, düngen und gut behandeln, damit sie die Kraft hat, ihrem Herrn seine Mühen zu entlohnen." Dies sind sicherlich Worte, die es sich auch heute lohnt zu befolgen.

DIE JÄGARHYDDAN

9

Die ehemalige Jägerhütte der großen Stockholmer Ausstellung von 1897

Djurgårdsvägen 23
Ein Privathaus
Metro-Station: 15 Gehminuten von der Station Karlaplan entfernt

Zwischen den Bäumen auf einem Hügel steht ein Haus, das aussieht wie das Heim eines mysteriösen Zauberers, der einen jeden Moment wegen unerlaubten Eindringens mit seinem Zauberstab verzaubern könnte. In der Tat handelt es sich um eine private Villa, der man nicht zu nahekommen sollte – aber aus Rücksichtnahme und nicht aus Angst, verflucht zu werden.

Doch das war nicht immer so, wie die Wetterfahne in der Form eines goldenen Jägers, der seinen Bogen spannt, verrät. Die Figur zeigt den ursprünglichen Zweck dieses schönen Gebäudes: Während der Stockholmer Ausstellung von 1897 war es der gemeinsame Pavillon des Königlichen Jagdvereins und der Schwedischen Jagdliga. Als solcher war er öffentlich zugänglich und hieß *Jägarhyddan* („die Jägerhütte").

Der Innenbereich war voller Jagdtrophäen (darunter auch der ausgestopfte Kopf eines Elchs, den der König selbst geschossen hatte), Gewehre und Jagdmesser. Entworfen wurde er vom Architekten Fredrik Liljekvist, blieb nach Ende der Ausstellung im Besitz des Königlichen Jagdvereins, wurde aber 1907 verkauft.

Das Zusammenspiel von dicht zusammengepackten runden, quadratischen und achteckigen Formen macht dieses skurrile und kompakte Haus zu einem der auffallendsten und fantasievollsten in Stockholm.

Die Fenster in verschiedenen Formen und Größen, die dunkelbraune Holztäfelung im Kontrast zum weißen Verputz und die Kupferdächer in organischen neobarocken Formen könnten unterschiedlicher nicht sein, verschmelzen aber zu einem harmonischen Ganzen. Zudem gibt es viele charmante Details, wie die Wetterfahne sowie die Wendeltreppe und das Geländer, in das knorrige Äste eingearbeitet sind.

DIE STATUE EINES GEFANGENEN WIKINGERS ⑩

Sexy Wikinger im Bondage-Stil

Gegenüber von Djurgårdsvägen 64
Metro-Station: 15 Gehminuten von der Station Karlaplan entfernt

Ende des 19. Jahrhunderts war die Begeisterung für Schwedens Wikingervergangenheit weit verbreitet. In ganz Stockholm findet man Spuren davon, wie die 1903 errichtete Statue eines muskulösen, männlichen Thor im Mariatorget, der die Mittelerde-Schlange mit seinem Hammer erschlägt. Dieser Thor, der die Militarisierung der Zeit widerspiegelt, wirkt kampfeslustig, dynamisch und kräftig wie die Unternehmer und Macher der neuen kapitalistischen Gesellschaft – Männer der Tat ohne gepflegte, aristokratische Manieren.

Eine etwas andere Sichtweise auf die Männlichkeit der Wikinger repräsentiert die Statue *Fångén Wikinger* („*Gefangener Wikinger*") von John Börjeson (1836–1910). Sie stellt einen nackten, schlanken Wikingerjungen dar, mit gefesselten Händen und Füßen, der passiv und verletzlich aussieht, aber dennoch leicht trotzig wirkt.

Laut der zeitgenössischen Enzyklopädie *Nordisk Familjebok* hatte Börjeson „ein besonderes Talent, seinen Figuren Entschlossenheit und Widerstandskraft zu verleihen" sowie „einen ausgeprägten Sinn für das Männliche". Doch nicht alle folgten dieser geradlinigen Interpretation für dieses besondere Beispiel seiner Arbeit – einige verbanden lange Zeit eine homoerotische Fesselspiel-Fantasie mit der Statue. Ein aktuelles Beispiel hierfür wäre das Gay-Magazin *Out*, das sie zu einer der „Statuen mit dem meisten Sex-Appeal" in Stockholm wählte.

Der *Gefangene Wikinger* wurde 1878 von Börjeson entworfen, aber erst 1913 gegossen. Das bedeutet, dass es eines der letzten öffentlichen Kunstwerke mit einem altnordischen Thema aus dieser Epoche war. Interessanterweise entstand die Statue weit weg vom kalten Norden, während Börjesons Jahren in Paris. Der jüdische Geschäftsmann Gustav Franckel, der Direktor des Restaurants Hasselbacken war, das auf dem Hügel über der Statue liegt, schenkte sie der Königlichen Djurgården-Verwaltung. Was man in gewisser Weise den letzten Wikinger nennen kann, wurde also in Frankreich konzipiert, von einem jüdischen Geschäftsmann bezahlt, mit homoerotischen Untertönen – eine amüsante Untergrabung der hypernationalistischen Tendenzen dieser Zeit.

2016 wurde die Statue in das Kunstprojekt „Wigs on Public Art" aufgenommen, da die Künstler, die sie ausgewählt hatten, meinten sie sehe aus wie David Bowie (der gerade gestorben war). Sie machten Fotos von dem armen Wikinger, dem sie eine Perücke aufsetzten, die der Frisur Bowies auf dem Albumklassiker *Alladin Sane* (1973) ähnelte, und behaupteten, dass der verwundbare Zustand der Wikingerstatue dem Einsamkeitsgefühl entspreche, das Bowie manchmal verspürte.

SWEDENBORGS PAVILLON

⑪

Wo der große Mystiker mit Engeln und Dämonen sprach

Freilichtmuseum Skansen in Djurgården
In der Nähe des neu aufgebauten Lebensmittelladens aus den 1930er-Jahren
Der Pavillon kann während der normalen Öffnungszeiten von Skansen von außen besichtigt werden:
Mai bis September, täglich von 10–18 Uhr
Oktober bis April, werktags von 10–15 Uhr, am Wochenende von 10–16 Uhr
Metro-Station: Karlaplan

Überlieferungen zufolge war der Pavillon der Ort, wo der berühmte schwedische Mystiker (siehe S. 264) Gespräche mit Engeln, Dämonen und Geistern der Toten führte. Swedenborg wohnte in einem kleinen Herrenhaus auf der Hornsgatan 41–43 in Södermalm, das er um 1750 für sich selbst errichtet hatte. 1767 fügte er seinem Garten einen Pavillon hinzu. Gemäß einem Bericht aus zweiter Hand meinte die Frau des Gärtners, dass Swedenborg „seine Visionen" aus einem Zierspiegel, der an einer Wand im Pavillon hing, „auf sich zuschweben sah".

Nach Swedenborgs Tod kaufte sein Neffe – ein Bischof – das Haus in Södermalm. Es erwies sich jedoch als schwierig, es, wie geplant, zu vermieten, da die Leute dachten, es würde darin spuken. Das Hauptgebäude verfiel somit und wurde abgerissen. Der Pavillon wurde als Lager genutzt und entwickelte sich später zu einem Versteck für Diebe. Eine Zeit lang lebten dort eine arme Witwe und ihre vielen Kinder.

Aufgrund der damaligen Vorliebe für alles Schaurige und Morbide fanden im Pavillon gruselige Ausstellungen statt. Die Wände waren mit schwarzem Tuch verkleidet, das mit silbernen Sternen verziert war, und das Herzstück war ein Sarg mit einer Wachspuppe von Swedenborg. Dieses geschmacklose Spektakel konnte für zehn Öre bestaunt werden, sehr zum Abscheu einiger prominenter ausländischer Besucher (darunter US-Präsident Ulysses Grant im Jahr 1878), der es nur schwer verstehen konnte, warum das letzte Gebäude der Heimat des international bekannten Mystikers nicht auf würdevollere Art erhalten wurde.

Als die Hornsgatan gegen Ende des 19. Jahrhunderts verbreitert werden sollte, musste der Pavillon weichen. Swedenborgianer in Schweden und im Ausland scheiterten bei dem Versuch, Geld für den Bau einer Kirche auf dem Gelände zu sammeln. 1896 sprang der Gründer des Freilichtmuseums Skansen ein und kaufte den Pavillon für 500 schwedische Kronen. Er wurde ursprünglich in der Nähe des Bredablick-Turms in Skansen aufgestellt und in den 1960er-Jahren an seinen heutigen Standort verlegt.

Zwei weitere Nachbildungen des Pavillons

Es gibt zwei Nachbildungen des Pavillons in der Innenstadt. Eine wurde 1989 erbaut und in der Nähe des ehemaligen Hauses von Swedenborg aufgestellt. Sie wird von den Mietern des heutigen Wohnblocks genutzt, aber auch für Veranstaltungen verschiedener Swedenborg-Gesellschaften vermietet. Der Pavillon ist nicht öffentlich zugänglich. Ein zweiter Nachbau befindet sich neben der Swedenborgkirche in Vasastan (siehe S. 156).

Emanuel Swedenborg (1688–1772), Schwedens bedeutendster Mystiker

Emanuel Swedenborg ist vermutlich Schwedens berühmtester Esoteriker und Mystiker. Der angesehene Wissenschaftler und Erfinder war u. a. Mitglied zweier Gesellschaften unter königlicher Schirmherrschaft: der Königlichen Akademie der Wissenschaften und der Königlichen Gesellschaft der Wissenschaften in Uppsala. Als Erfinder versuchte er, ein U-Boot, ein Maschinengewehr und eine Flugmaschine zu entwerfen.

Ein Schlüsselmoment in Swedenborgs geistiger Entwicklung ereignete sich im April 1745, beim Abendessen in einem Londoner Gasthof. Er berichtet: „Gegen Ende des Mahls begannen sich meine Augen zu trüben, es wurde dunkel und der Boden war mit den schrecklichsten Kriechtieren, wie Schlangen, Fröschen und ähnlichen Kreaturen bedeckt ...". Dann sah er einen Mann in der Ecke sitzen, der Swedenborg ermahnte: „Iss nicht so viel!" Diese Aussage erscheint angesichts dessen, was folgt, gewiss etwas prosaisch. In der gleichen Nacht tauchte der Mann in Swedenborgs Träumen auf. Er erklärte, dass er Gott sei, dass er den schwedischen Wissenschaftler ausgewählt habe, um die wahren, verborgenen Botschaften der Bibel zu enthüllen und dass er Swedenborg bei dem, was er schreiben solle, leiten würde. Daraus entstand das achtbändige Werk *Arcana Cælestia* („*Himmlische Geheimnisse*", 1749–1756), gefolgt von einer Reihe weiterer Bücher. Seine Erfahrungen gipfelten in einem „geistigen Erwachen", in dem ihm Jesus Christus offenbarte, ihn dazu berufen zu haben, die himmlische Lehre zur Reform des Christentums zu schreiben. Gott hatte Swedenborgs geistige Augen geöffnet, damit er von da an ungehindert Himmel und Hölle besuchen konnte, um sich mit Engeln, Dämonen und anderen Geistern zu unterhalten.

Es gibt viele Geschichten über Swedenborgs psychische Fähigkeiten. In einer fand er nach dem Gespräch mit dem Geist eines Toten auf wundersame Weise verlorene Unterlagen wieder. Eine andere besagt, dass er Königin Lovisa Ulrika die letzten Worte ihres toten Bruders übermittelte, die sonst niemand kannte. In einer dritten saß Swedenborg bei einer Abendgesellschaft in Göteborg und machte sich große Sorgen, weil er behauptete, es sei ein Feuer in der Nähe seines Hauses auf Södermalm ausgebrochen. Nach einer Weile beruhigte er sich und verkündete, dass das Feuer drei Blocks von seinem Haus entfernt erloschen sei. Die anderen Gäste waren von seinem Gerede nicht überzeugt, aber zwei Tage später kam eine Nachricht aus Stockholm, die all seine Aussagen bestätigte. Er soll auch seinen eigenen Todestag vorhergesagt haben.

Swedenborgs gewaltige Werke sind oft enorm kosmisch. Er beschreibt ausführlich verschiedene Höllen und Himmel, Reisen ins All und Besuche auf anderen Planeten, Gespräche mit Außerirdischen, Engeln und Dämonen. Aber sein visionäres Projekt hatte auch konkrete irdische Implikationen. So scheint er an einigen Stellen seiner Schriften ein früher Verfechter des Vegetarismus zu sein (auch wenn er anderswo schreibt, dass Fleischessen unproblematisch sei). Wahrscheinlich war er selbst quasi Vegetarier. Das brachte viele seiner späteren Anhänger dazu, ebenfalls diese Wahl zu treffen.

Ein Thema, das ihn sehr beschäftigte, war die ideale Ehe, in der der Mann eine irdische Manifestation von Weisheit sein sollte, während die Frau die Liebe manifestierte. Hielt man sich an diese Dualität, machte das die Ehe stark – möglicherweise so stark, dass sie auch nach dem physischen Tod fortbestand.

Swedenborgs Bücher wurden in Amsterdam und London veröffentlicht, da es in Schweden eine strenge Zensur unkonventioneller religiöser Texte gab. Er gewann Anhänger im In- und Ausland, aber erst 1874, nach Änderung der Rechtslage, konnte die Swedenborg Kirche (siehe S. 156) in Schweden öffentlich agieren.

1818 liebäugelte ein Priester der Schwedischen Staatskirche mit den Swedenborgianern und wurde aufgrund dieser ketzerischen Ideen seines Amtes enthoben. Die Bewegung beeinflusste jedoch viele große schwedische Autoren wie Per Daniel Amadeus Atterbom (1790–1855), Carl Jonas Love Almqvist (1793–1866) und August Strindberg (1849–1912). Auch ausländische Prominente wie Honoré de Balzac (1799–1850), Victor Hugo (1802–1885) und William Blake (1757–1827) griffen seine Ideen auf.

1888 wurde das zweihundertjährige Jubiläum Swedenborgs mit Gottesdiensten, einer Gedenktafel auf der Hornsgatan und einem Galadinner im *Grand Hotel* gefeiert. Und 1885 wurde in Södermalm im Zuge der großen Namensrevision der Stockholmer Straßen eine Straße nach ihm benannt.

1908 setzte man ihn in der Kathedrale von Uppsala bei, was zeigt, dass die schwedische Kirche sich ein wenig mit seinen Ideen versöhnt hatte.

DER GIRAFFENKRAN

⑫

Ein skurriler Kran, der seinesgleichen sucht

Beckholmen
Die beste Sicht hat man vom kleinen Hügel auf Beckholmen aus oder von der Anlegestelle auf der Djurgården-Seite.
Metro-Station: 20 Gehminuten von der Station Karlaplan entfernt

An der Küste von Beckholmen steht ein wahres Kuriosum: ein 100-Tonnen-Kran mit Giraffenmuster.

Der Kran, ursprünglich erbaut, als Stockholm weitgehend eine Hafenstadt war, ist ein Wahrzeichen aus einer Zeit, als das Wirtschaftswachstum der Stadt vor allem auf Importen und Exporten über das Meer basierte. Er ist aber auch ein Symbol für die Phantasie schwedischer Künstler.

Er war einst einer von zwei in der Nähe von Skeppsbron und Stadsgården aufgestellten Kränen, die Ende der 1980er-Jahre den Brüdern Edstrand, Stahlgroßhändlern, gehörten und in Södra Hammarbyhamnen standen.

Eines Tages ging der Künstler Tor Svae (geboren 1945) an ihnen vorbei und befand, dass sie wie Giraffen aussahen. Er entschied sich, die Kräne mit einer ambitionierten Lackierung in solche zu verwandeln und nahm Kontakt zu den Besitzern auf – die zustimmten. Nicht lange danach stellten die Brüder Edstrand den Betrieb in Hammarbyhamnen ein. Die Stadt wiederum benötigte das Gelände, auf dem die Kräne standen. Sie sollten daher abgebaut und zum Schrottplatz gebracht werden. Svae, der sich selbst als „Bannerträger des Kind-Seins" bezeichnet (und auch Spielplätze und Möbel für Kinder entworfen hat), kontaktierte einen lokalen Politiker und schaffte es, die für die Verschrottung der Kräne gedachten Mittel zu erhalten, um sie stattdessen zu verlegen.

Die von Svae Thor und Freja (nach den altnordischen Göttern) benanntenn Kräne fanden eine Gruppe von Bewunderern, die 1992 bei der Gründung der Freunde der Giraffen halfen. Leider war Freja mit der Zeit so abgenutzt, dass sie am Ende verschrottet werden musste. Bis vor kurzem war Thor bei einer Reparaturwerft im Einsatz. Aber die Zeit holte selbst den mächtigen Thor ein, der zu schwach und dessen Reichweite zu gering war. Glücklicherweise konnte er sich aus dem aktiven Arbeitsleben zurückziehen und an einen anderen Ort verlegt werden, wo er als Kunstinstallation und Gedenken an die Hafenstadtepoche weiterbesteht.

Einige Platten am Hals der Giraffe waren zu diesem Zeitpunkt schon vom Wind verweht worden, aber seine Struktur blieb stabil.

Im Moment plant man, den „Bauch" des Krans in einen kleinen Konferenzraum mit Gastrobereich umzubauen. Durch die Vermietung für solche Anlässe wollen die Freunde der Giraffen die notwendigen Mittel sichern, um ihn in Schuss zu halten. Svae plant zudem, kleine Giraffenkräne zu bauen, die als Souvenirs an Touristen verkauft werden können – was sicherlich witziger ist als das obligatorische Dalapferd!

DIE GEHEIMNISSE VON KASTELLHOLMEN

⑬

Ein skurriles königliches Monogramm

Örlogsvägen 5
Metro-Station: 15 Gehminuten von der Station Kungsträdgården entfernt

An der Brücke zwischen Kastellholmen und Skeppsholmen steht der Königliche Schlittschuhpavillon. Suchen Sie nach den königlichen Monogrammen an der Mauer. Jenes von Königin Sofia (1836–1913) beinhaltet überraschenderweise ein Paar Schlittschuhe!

Der 1882 erbaute Pavillon diente den oberen Zehntausend zum Eis-laufen auf dem gefrorenen See sowie zum Aufwärmen und war im Winter der perfekte Ort für die High Society. Heute fungiert er als Konferenzzentrum und kann für Veranstaltungen gemietet werden. Durch die großen Fenster sieht man die beeindruckenden Innenräume.

Kastellholmen („Schlossinsel") hat ihren Namen von dem kleinen, schlossartigen Bau, der 1845 ein ähnliches Bauwerk ersetzte, das durch eine versehentliche Explosion im Schießpulverlager darunter zerstört worden war. Seit 1665 wird dort jeden Morgen die schwedische Marine-

flagge gehisst, um zu signalisieren, dass Schweden nicht im Krieg und Stockholm nicht von fremden Truppen besetzt ist. Der Pavillon ist besonders nachts sehr schön, wenn er von unten beleuchtet wird.

Ein weiteres Relikt der militärischen Vergangenheit der Insel sind die darauf verteilten gusseisernen Einpersonenbunker. Diese beengenden Konstrukte, die wie übergroße schwarze Ritterhelme mit einer kleinen Tür aussehen, hätten vor Kugeln und vielleicht Handgranaten geschützt, aber kaum vor Artilleriebeschuss.

Ein Kreuz des Geheimordens Arla Coldinu

Auf einem der höchsten Punkte der Insel steht ein großes, an einer Stange montiertes Metallkreuz. Es ist eines von mehreren Kreuzen, die der Geheimorden Arla Coldinu an verschiedenen Stellen im Schärengarten platziert hat. Mit starken Verbindungen zum schwedischen Hochadel soll er einem mittelalterlichen Seefahrerorden aus dem Mittelmeerraum entstammen, offenbart aber den genauen Ursprung und die Bedeutung seines Namens nur Mitgliedern mit höchsten Graden. Weitere Informationen zum Orden finden Sie auf S. 123.

Versunkene Schiffswracks

Rund um die Insel liegen etwa 30 Schiffswracks. In der Regel sind sie vom Land aus nicht sichtbar, aber manchmal ist der Wasserstand so niedrig, dass mindestens eines von ihnen, etwa zehn Meter vom Westufer entfernt, zu sehen ist (manchmal sogar aus dem Wasser ragt). Dieses Schiff ist vermutlich die *Graa Ulv* („*Grauer Wolf*"), ein dänisches Militärschiff aus den 1640er-Jahren, das von den Schweden erobert wurde.

DAS WIKINGERSCHIFF AN DER EHEMALIGEN MARINEAKADEMIE

⑭

Eine surreale Manifestation des Nationalismus der Jahrhundertwende

Holmamiralens Väg 10
Metro-Station: Kungsträdgården, Gamla Stan oder T-Centralen

Die ehemalige Marineakademie (Sjökrigsskolan) ist ein beeindruckendes Gebäude mit einem surrealen Detail: Auf der dem Meer zugewandten Seite ragt ein großes Wikingerschiff aus der Fassade.

Die Königlich Schwedische Marineakademie bildete Offiziere der schwedischen Marine aus, die zwischen 1756 und 1987 auf verschiedenste Weise tätig war. Skeppsholmen war seit 1640 Sitz der schwedischen Marine. 1756 wurde hier ein permanenter Anlegeplatz gebaut, der bis in die 1960er-Jahre der Stützpunkt der Marine in Stockholm blieb.

Ab 1867 übernahm die Marineakademie die Grundausbildung der Offiziere. Kadetten im Alter von 13 bis 16 Jahren begannen hier ihre sechsjährige Ausbildung. Zu diesem Zweck wurde zwischen 1878 und 1879 ein von Axel Fredrik Nyström entworfenes Gebäude errichtet. Es enthielt Hörsäle, eine Offiziersmesse und ein Dachobservatorium.

Da es in einer stark vom Patriotismus geprägten Zeit erbaut wurde, spiegeln die vielen Verzierungen an der Fassade den übertriebenen Nationalstolz der damaligen Epoche wider.

Die Namen verschiedener schwedischer Marinehelden sind in die Fassade eingraviert, die auch das kleine Landeswappen Schwedens und das königliche Monogramm von König Oscar II. zieren.

Sonderbarer ist das Heck eines Wikingerschiffs mit einer geflügelten Drachen-Galionsfigur als Zugabe. Wikinger wurden damals als mutige Seeleute und tapfere Krieger in der patriotischen Lyrik und Kunst gepriesen und fungierten als romantische Vorbilder für jene, die in ihren Landsleuten Nationalstolz wecken wollten. Heute wirkt es befremdlich, als wären zeitreisende Wikinger mit ihrem fliegenden Schiff in das Gebäude gekracht und von einem finsteren Zauberer versteinert worden.

1943 übersiedelte die Königlich Schwedische Marineakademie nach Täby. Das Gebäude auf Skeppsholmen wurde zu einem administrativen Marinestützpunkt und beherbergt ein privates Forschungszentrum.

Im Laufe der Zeit waren viele Figuren und Ornamente durch Frost und ihr Alter stark in Mitleidenschaft gezogen worden, weshalb das Gebäude 2013 umfangreich renoviert wurde. Ein großer Teil davon musste mit völlig neuen Gussformen in einem komplexen Prozess nachgebaut werden, was als großer Erfolg gewertet werden muss.

DER BÅÅTSKA PALATSET

⑮

Hauptloge des schwedischen Freimaurerordens

Blasieholmsgatan 6
Private Führungen können über die Webseite des Ordens gebucht werden: frimurarorden.se/ kontakt
Der Innenhof ist tagsüber und meist bis spät in die Nacht geöffnet.
Metro-Station: Kungsträdgården

Der zwischen 1662 und 1669 für den Obersten Schatzmeister Schwedens, Seved Bååth, erbaute Bååtska Palatset („Bååth-Palast") befindet sich seit 1874 im Besitz der Freimaurer. Heute ist er die Hauptloge des schwedischen Freimaurerordens und kann während privater Führungen besichtigt werden. Eine der Hauptattraktionen ist der Rittersaal, der im neogotischen Stil mit hohen Bogenpfeilern (tatsächlich aus Beton und nicht aus Stein) erbaut ist und dessen Wände die Wappen hochrangiger Freimaurer zieren.

Beeindruckend ist auch der Thronsaal mit dem Thron, auf dem König Oscar II. saß, als er den Palast in den 1870er-Jahren einweihte, und einer Stuckdecke mit einem neueren Gemälde als Herzstück. Darunter liegt das Freimaurerarchiv, das viele seltene Bücher, Dokumente und Manuskripte enthält, darunter handbemalte alchemistische Werke.

Das Archiv kann nach Voranmeldung beim Bibliothekar von Wissenschaftlern und Studenten besucht werden.

Die Freimaurer in Schweden

Die Freimaurerei hat ihre Wurzeln in den Gilden mittelalterlicher Kathedralenbauer, die das Wissen des Maurerhandwerks vor Außenstehenden schützten, indem sie Passwörter und spezielle Handgriffe benutzten. Später entstand daraus eine Bruderschaft zur Selbstvervollkommnung, die theatralische Initiationsrituale pflegte und begann, auch Nichthandwerker aufzunehmen. In Schweden etablierte sie sich ab 1735. Anderswo war sie oft antiklerikal und republikanisch, hier dagegen unterhielten die Freimaurer ein exzellentes Verhältnis zur schwedischen Kirche (mehrere Bischöfe waren Mitglieder). Ab Mitte des 18. Jahrhunderts bis 1997 fungierte immer ein Mitglied des Königshauses als Großmeister. In letzter Zeit versuchte der Orden, seinen Ruf als geheime und fragwürdige Organisation loszuwerden und veröffentlicht sogar seine Mitgliederunterlagen und Mitgliederzeitschriften. Die Rituale selbst bleiben geheim, da die pädagogische Funktion von Überraschungseffekten für Eingeweihte sonst ruiniert wäre (obwohl ein paar wenige Google-Suchanfragen den Neugierigen Klarheit verschaffen würden).

Eine Freimauer-Fahne

Schon von Weitem kann man die weiße Fahne mit dem roten Freimaurerkreuz über dem barocken Palast wehen sehen, obwohl die meisten nicht wissen, dass es sich hier um ein Freimaurersymbol handelt.

© Mats Gärdfors

© Mats Gärdfors

RITAS PERSUADET

„DIE BIBEL DES TEUFELS" IN DER KÖNIGLICHEN BIBLIOTHEK

(16)

Ein legendäres Buch mit einem teuflischen Porträt

Königliche Bibliothek – Humlegårdsgatan 26
Montag bis Donnerstag 9–19 Uhr, Freitag 9–18 Uhr, Samstag 11–15 Uhr
Metro-Station: Östermalmstorg

In einem speziell dafür vorgesehenen Raum tief unter der Königlichen Bibliothek befindet sich eine riesige handgeschriebene Bibel mit einem ganzseitigen Porträt des Teufels. Gehen Sie beim Betreten der Bibliothek geradeaus und steigen Sie die vor Ihnen liegende Treppe zwei Etagen hinab.

Der *Codex Gigas* ist vermutlich das weltweit größte erhaltene handgeschriebene Buch, das auf 310 Blatt Pergament geschrieben wurde und 89 x 49 cm groß und 75 kg schwer ist. Der Holzeinband, der original zu sein scheint, wurde 1819 von einem Stockholmer Buchbinder mit weißem Leder verkleidet und hat Buchecken, die mit Greifen verziert sind.

Leider kann man das Buch aus konservatorischen Gründen nicht durchblättern, und es wird immer geschlossen gezeigt.

Es wurde zwischen 1204 und 1230 in Böhmen geschrieben (heute der Westen der Tschechischen Republik). Man weiß jedoch nicht, wo und von wem genau.

Der *Codex* gelangte schließlich in die Sammlung des esoterisch veranlagten Kaisers Rudolph II. in Prag (siehe aus demselben Verlag der Reiseführer *Verborgenes Prag*), der es von einem Kloster „geliehen" hatte. Als die schwedische Armee Prag im Dreißigjährigen Krieg (1618–1648) plünderte, kam es mit einer Reihe anderer Wertgegenstände nach Stockholm. 1697 brannte das Königsschloss nieder, aber jemand rettete das Buch, indem er es aus einem Fenster warf und dabei angeblich eine Person traf (die schwer verletzt wurde). Später kam es nach dem Bau eines neuen Schlosses wieder in den Besitz der Königlichen Bibliothek.

Glaubt man einem 1858 verfassten Buch wurde der Bibliotheksverwalter versehentlich eingesperrt, nachdem er eingeschlafen war, und so Zeuge einer verblüffenden Szene, bei der Bücher in der Luft schwebten, wobei die „Teufelsbibel" kleinere Bände niederschlug. Das Erlebnis führte zur Einweisung des armen Mannes in ein Irrenhaus. Der *Codex Gigas* wurde am Neujahrstag 1878 mit einem Schlitten als letztes Objekt aus der Schlossbibliothek in die neu fertiggestellte Königliche Bibliothek in Humlegården gebracht – ein symbolischer Akt, der vom Chefbibliothekar und Okkultisten Gustaf Klemming inszeniert wurde.

Die Legende des Codex Gigas

Schon im Mittelalter hieß es, dass das Buch von einem Mönch stamme, der wegen seiner Sünden eingemauert worden war und versuchte, sich reinzuwaschen, indem er in einer einzigen Nacht die größte Bibel der Welt schuf. Da die Aufgabe natürlich gewaltig war, rief er den Teufel zu Hilfe. Im Gegenzug bekam der Teufel sein Porträt in das Buch gemalt und forderte später die Seele des Mönchs. Glücklicherweise intervenierte die Jungfrau Maria in letzter Minute, kurz bevor der Mönch starb.

DIE EHEMALIGE TSCHECHOSLOWAKISCHE BOTSCHAFT

17

Eine kommunistisch-brutalistische Skurrilität

Floragatan 13 – Metro-Station: Stadion
Das Gebäude ist nicht öffentlich zugänglich, kann aber von außen besichtigt werden – durch die Fenster ist der Innenbereich gut zu sehen

Als spektakuläres Beispiel für brutalistische Architektur steht die ehemalige tschechoslowakische Botschaft wie ein seltsames außerirdisches Artefakt (der zentraleuropäischen Moderne) unter den reizenden und dezenten funktionalistischen Gebäuden aus dem 19. Jahrhundert, die den Großteil des Viertels ausmachen. Sie ist unglaublich gut gemacht, mit handgefertigten Strukturbetonwänden und aus erstklassigen Materialien.

Das vom damals erst 30 Jahre alten Jan Bočan entworfene Gebäude wurde 1970 fertiggestellt und ist der Traum jedes Brutalismus-Fans – komplett aus Beton und voller rechter Winkel.

Die Mitarbeiter der Botschaft durften sich während der Zeit des strengen Kommunismus nicht frei in Stockholm bewegen. Daher war das Gebäude mit einem Kino, einem Waschraum, einer Garage und einem Fitnessraum ausgestattet, damit man diese vier Wände (so gut wie) nie verlassen musste.

Sogar der Architekt selbst war diesen Einschränkungen unterworfen. Bei Treffen mit den örtlichen Bauherren begleitete ihn immer ein Parteivertreter. Der Druck auf den jungen Mann war so hoch, dass er einen Herzinfarkt erlitt. Trotzdem erwähnte er das Haus später als sein persönliches Lieblingswerk aus seiner langen und erfolgreichen Karriere. Zusammen mit seinem Kollegen Jan Sramek entwarf er auch die Möbel und Armaturen. Die Tische und Stühle kamen von der legendären Firma Thonet. Einige der Sitzgelegenheiten waren ziemlich unbequem, und der Architekt gab zu, dass er nichts von Ergonomie verstand und einfach dachte, dass sie gut aussehen würden.

Nach der Teilung der Tschechoslowakei in die Tschechische und die Slowakische Republik im Jahr 1992 behielten die Tschechen das Haus bis 1998. Der ursprüngliche Plan war, das Interieur herauszureißen und ein zeitgenössischeres privates Bürogebäude daraus zu machen. Glücklicherweise beschäftigte der neue Eigentümer, das Kommunikationsunternehmen Kreab, die Architekten Magnus und Olga Tengblad, die Bočan gut kannten – Olga arbeitete in seinem Büro in Prag und Magnus war Gastprofessor an der Universität, wo er später lehrte.

Die Renovierung wurde also mit großem Respekt für die ursprüngliche Vision durchgeführt.

Doch einige der unangenehmen Merkmale, die die Paranoia des Kalten Krieges notwendig machte – wie das Büro des Botschafters, das keine Fenster hatte, um Kapitalisten/Imperialisten davon abzuhalten, ihn auszuspionieren – wurden beseitigt und die gesamte Fensterfläche um das Vierfache vergrößert.

Heute beherbergt das Gebäude die Modemarke Acne. Es sind noch viele originale Möbel und Lampen im Sci-Fi-Stil an den Decken erhalten.

DIE U-BAHN-STATION TEKNISKA HÖGSKOLAN ⑱

Kosmische Kunst der 1970er-Jahre

5–1 Uhr
Metro-Station: Tekniska Högskolan

Die Deckenverzierungen von Lennart Mork (1932–2007) in der 1973 eröffneten U-Bahn-Station Tekniska Högskolan gehören zu den visionärsten und eindrucksvollsten im gesamten U-Bahn-Netz. Die Station ist fest in der Zeit verwurzelt, in der sie erbaut wurde und erinnert an bestimmte Plattencover von damals, zum Beispiel an die der experimentellen deutschen Elektronik-Gruppe Tangerine Dream. Man kann die Moog-Synthesizer-Melodien fast hören, wenn man die Rolltreppen hinunterfährt. Morks Hintergrundwissen durch seine Arbeit als Bühnenbildner (er arbeitete auch mit Ingmar Bergman zusammen) ist offensichtlich, da es sich hier um ein Gesamtbild handelt, wie sie nur wenige andere U-Bahnstationen aufweisen.

Da sie nach der Königlich Technischen Hochschule (1827 gegründet, am heutigen Standort seit 1917) benannt ist und unter selbiger liegt, sollte das Dekor die Elemente und die Naturgesetze beschreiben und erklären, warum der Mensch stets versucht hat, Ordnung ins Chaos zu bringen. Die unmittelbare Quelle der Inspiration ist Platons Konzept der vier Elemente plus Äther als fünftem Grundbaustein des Universums.

Jedes wird durch einen Polyeder dargestellt, dessen Seiten und Winkel exakt gleich groß sind. Alle, die in ihrer Jugend Dungeons & Dragons gespielt haben, werden sie auch als exotisch wirkende Würfel kennen, die man in Rollenspielen verwendet (achtseitig, vierseitig usw.).

Die Luft ist ein achtseitiger, blau-weiß bemalter Polyeder aus Metall. An den Seiten sieht man ein Flugzeug, das Fossil eines prähistorischen Vogels und eine frisch geschlüpfte Möwe. Das Feuer ist ein vierseitiger Polyeder aus Beton, der auf Netze und Balken gesprüht wurde. Rot bemalt, zeigt er die Sonne, die sowohl Energie spendet als auch verbrennt, wodurch ein ständiger Kreislauf entsteht. Die Erde ist ein sechsseitiger Würfel, der aus einem Netz und Beton besteht und in Braun gehalten ist. Man kann Kartoffeln und Sprossen sowie eine Schärenlandschaft erkennen. Das Wasser ist ein 20-seitiger Polyeder aus Metall. Im aufgemalten Ozean ist eine Ölplattform zu sehen. Zur Zeit seiner Gestaltung sorgten norwegische Ölbohrungen vor der Küste Schwedens für Kontroversen. Schließlich ist Äther ein zwölfseitiger Polyeder aus Glas, der in der Mitte des Bahnsteigs von der Decke hängt. Im Inneren ist ein kollabierender Stern dargestellt, der sich in ein schwarzes Loch verwandelt. Am besten wird er direkt von unten betrachtet, da das schwarze Loch aus einem Rohr besteht. Die große Spirale in der Glasstruktur zeigt, wie Planeten von der Nähe des schwarzen Lochs beeinflusst werden. Kurz nach der Eröffnung der Station fiel eine der Glasplatten zu Boden. Obwohl vermutlich durch die Schwingungen der vorbeifahrenden Züge verursacht, veranschaulichte dies sehr treffend die zerstörerische und ungeheuerliche Kraft eines schwarzen Lochs.

Die U-Bahn-Station zollt auch großen Wissenschaftlern Tribut, wie dem schwedischen Erfinder Christopher Polhem (1661–1751), als „Archimedes des Nordens" bekannt. An einem Ende prangt die Darstellung unseres Sonnensystems von Nikolaus Kopernikus (1473–1543). Zu den anderen Nicht-Schweden zählen unter anderem Leonardo da Vinci (1452–1519) und Isaac Newton (1642–1727). An letzteren erinnert ein gigantischer Gipsapfel, der von der Decke hängt. Eine Anspielung auf Newtons Gravitationstheorie, die er entwickelte, als er sah, wie ein Apfel vom Baum fiel. Ein Flügel, der anderswo von der Decke hängt, stellt den Flügel des Dädalus dar – vielleicht eine Warnung an die Physiker, Chemiker und Ingenieure der Institute darüber, nicht überheblich zu handeln. Die Natur kann und wird Menschen aufhalten, die zu drastisch versuchen, ihre Gesetze zu brechen. Die Wandverzierungen sind spektakulär, doch Lennart Mork hatte etwas noch Wilderes im Sinn: Sein ursprünglicher Plan enthielt Darstellungen der vier Elemente mit echtem Feuer und Wasser, elektrischen Polarlichtern und mit Pflanzen bewachsenem Boden. Das stellte sich als zu kostspielig heraus. Er musste sich mit einem Kompromiss zufriedengeben.

Gewinner des Kasper-Salin-Preises

1973 erhielt Lennart Mork für die U-Bahn-Station den renommierten Kasper-Salin-Preis, der von der Gesellschaft schwedischer Architekten an die besten Gebäude des Jahres verliehen wird.

Weitere Informationen über die fünf platonischen Körper finden Sie auf der folgenden Doppelseite.

Die fünf Grundbausteine und die Heilige Geometrie

Die Heilige Geometrie ist ein Weltbild, bei dem die Grundkriterien der Existenz als „heilig" angesehen werden. Durch sie lässt sich das *Magnum Mysterium*, das Große Geheimnis des Universums verstehen, wenn man seine Gesetze, Prinzipien und die Wechselbeziehungen der Formen erlernt. Diese universellen Formen werden in einem geometrischen Komplex systematisiert, in dem jede Figur ihre eigene mathematische und philosophische Interpretation hat. Man nutzt sie für Heilige Architektur und Heilige Kunst, die sich der „göttlichen" Proportionen bedienen, in denen der Mensch das Universum widerspiegelt und umgekehrt. Es heißt, dass die Heilige Geometrie und ihre mathematischen Zusammenhänge, die harmonisch und proportional sind, auch für Musik, Licht und Kosmologie gelten. Der Mensch entdeckte dieses Wertesystem in der Frühzeit, etwa in der Megalith- und Neolith-Kultur, und einige betrachten es als universellen Aspekt der menschlichen Existenz. Die Heilige Geometrie ist für die Errichtung heiliger Bauten wie Synagogen, Kirchen und Moscheen wesentlich und spielt auch eine Rolle bei der Gestaltung des Innenraums von Tempeln mit Altären und Tabernakeln. Aus der von der griechisch-ägyptischen Kultur überlieferten und ins antike Rom überführten Heiligen Geometrie entwickelten sich im Mittelalter die romanische und gotische Architektur, die diese Geometrie der heiligen Symbole in den Kathedralen Europas berücksichtigten. Pythagoras (Samos, ca. 570 v. Chr. – Metapontum, ca. 497 v. Chr.) hat das System der Heiligen Geometrie in seiner Schule in Kroton, Griechenland, begründet. Der griechische Philosoph und Mathematiker soll das Wissen, das er in Ägypten und Indien erworben hat, nach Griechenland zurückgebracht haben. Mit dem Einsatz des Goldenen Schnitts (1,618) und dessen Anwendung auf die fünf Grundbausteine schuf Pythagoras die mathematische Methode, die allgemein als Pythagoreische Geometrie bekannt ist. Pythagoras ließ sich bei der Entwicklung der fünf Grundbausteine

(Tetraeder oder Pyramide, Hexaeder oder Würfel, Oktaeder, Dodekaeder und Ikosaeder), über die Platon später philosophieren sollte (als die fünf platonischen Körper bekannt), vom griechischen Mythos über das Spielzeug des Gottes Dionysos inspirieren: Korb, Würfel, Kreisel, Kugel und Spiegel. Auf kosmischer Ebene ist der Korb das Universum; der Würfel die fünf platonischen Körper, die die Naturelemente (Äther, Luft, Feuer, Wasser, Erde) symbolisieren; der Kreisel ist das Atom der Materie, die Kugel die Erdkugel, und schließlich reflektiert der Spiegel das Werk des Obersten Mathematikers (Dionysos), der selbst die universelle Manifestation von Leben und Bewusstsein, von Gott gegenüber den Menschen und umgekehrt ist. Jeder der fünf platonischen Körper stellt auch eine planetare Energie dar, die durch ihre Form mit einem Naturelement verbunden ist. So gehört der Dodekaeder traditionell zu Venus und Äther, der natürlichen Quintessenz, die einer Tempelkuppel entspricht. Der Oktaeder gehört zu Saturn und Luft und entspricht dem Kreuz des Querschiffs. Der Tetraeder gehört zu Mars und Feuer und entspricht den Öffnungen im Tempel, durch die das Licht strömt. Der Ikosaeder, der zu Mond und Wasser gehört, legt die Harmonie der Formen im Tempelentwurf fest und bildet die Verbindungslinien zwischen den Altären und Säulen. Schließlich verbindet der Hexaeder (Würfel) die Sonne mit ihrem Element, der Erde, indem er die Form des Tempelfundaments oder -bodens bestimmt. Der Hauptzweck der Heiligen Geometrie ist also, durch ideale mathematische Formen und Berechnungen universelle Perfektion zu schaffen und durch den Einsatz der Heiligen Architektur das Vielfache zu einer Einheit in einem Raum zu verbinden, der geometrisch diesem Zweck gewidmet ist.

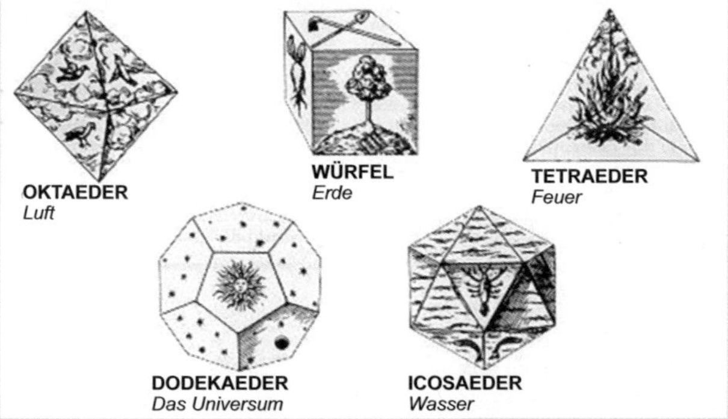

DIE VERBORGENEN SCHÄTZE DER KÖNIGLICHEN TECHNISCHEN HOCHSCHULE

⑲

Ein Campus voller schrulliger und hübscher Zierelemente

Brinellvägen 8 – Metro-Station: Tekniska Högskolan
Die Gebäude sind während der normalen Bürozeiten geöffnet, das Außengelände kann zu jeder Tageszeit besichtigt werden.

Die Königliche Technische Hochschule (KTH) wurde 1827 gegründet und gehört zu den führenden technischen Universitäten Europas. Der 1917 errichtete Campus ist voller schrulliger und hübscher Schmuckelemente, und es macht Spaß, sie zu entdecken.

Am Haupteingang befinden sich zwei grobe Steinskulpturen mit dreiköpfigen Hunden im Zerberus-Stil. Sie wurden von Carl Milles geschaffen, einem berühmten Künstler und eifrigen Spiritisten, der behauptete, mehrere paranormale Erfahrungen gemacht zu haben. Die ungewöhnliche Entscheidung, zwei statt einen dieser Höllenhunde aufzustellen, beinhaltet auch das Detail, dass einer von ihnen weiblich ist. Auf dem Bogen über dem Eingang zeigt Milles den Kampf des Menschen mit den vier Elementen Erde, Feuer, Luft und Wasser.

Ein weiteres allegorisches Werk ist Axel Törnemans Deckenfresko *Die elektrischen Ströme* aus dem Jahr 1918, in dem männliche und weibliche Figuren, die auf Wolken schweben, in geschlechtergetrennten Einheiten gruppiert sind, die wie eine homosexuelle Orgie wirken.

Ein umgangssprachlicher Name für den Raum, in dem es sich befindet, ist daher „Porrsalen" („der Pornosaal"). Ein bemerkenswerter Aspekt seiner Geschichte ist, dass nach der Sanierung der KTH in den 1950er-Jahren etwa 40 Jahre lang davon ausgegangen wurde, dass das 217 Quadratmeter große Gemälde beseitigt worden war. Dann wurde es aber 1993 wiederentdeckt, versteckt, aber intakt unter der neuen Innendecke. Man beschloss, es in einen anderen Saal zu verlegen. Das Entfernen der 0,5 Millimeter dicken Lackschichten und das Ankleben an einem neuen Standort kostete das Fünffache der Summe, die Törneman damals als Entlohnung erhalten hatte.

Barack Obamas Toilette

Ein neuerer und ungewöhnlicher Anblick ist die Tafel zur Erinnerung an den Besuch von US-Präsident Barack Obama in der KTH – genauer gesagt seinen Besuch in einer der Toiletten, an deren Tür die Gedenktafel angebracht wurde. Im Text heißt es stolz: „US-Präsident Barack Obama saß hier am 4. September 2013". Diese Idee stammt nicht von Angestellten der Universität, sondern wahrscheinlich von humorvollen Studenten. Einige behaupten jedoch, dass der Präsident solche Schilder mit sich herumtrug und sie als Scherz anbrachte. Eine Erklärung, die weniger wahrscheinlich ist – auch wenn Obama als Mann mit Humor bekannt ist.

R1

(20)

Ein ehemaliger Versuchsreaktor

Drottning Kristinas Väg 51 – Metro-Station: Tekniska Högskolan
Termine finden Sie auf der Website:
kth.se/om/mot/r1 kth-s-reaktorhall-1.739170
Häufig für Kunst- und Musikveranstaltungen geöffnet; kann auch gemietet werden

Den unter Östermalm gelegenen stillgelegten Atomreaktor R1 zu besichtigen, ist wie der Besuch einer futuristischen, außerirdischen Bergbaukolonie. Wenn man den anonymen Eingangsbereich betritt und in dem riesigen, alten Industrieaufzug 25 Meter tief in den Berg hinunterfährt, muss man an die Szene in James Camerons *Aliens – Die Rückkehr* (1986) denken, in der Bill Paxton ruft: „Wir sind in einem Express-Aufzug zur Hölle und fahren ganz nach unten!"

Den Reaktor selbst gibt es nicht mehr, aber der Kontrollraum (einschließlich der zur Steuerung des Reaktors verwendeten Schaltkonsole) ist wieder hier (zurückgekehrt nach einem Aufenthalt im Technischen Museum). Wo sich früher der Reaktor befand, klafft mitten im Boden ein großes Loch. Aber warum setzt man einen Reaktor mitten in ein Wohnviertel? Die Erklärung liegt in der Dringlichkeit des Projekts. Und aus Zweckmäßigkeit sollte er in der Nähe der Königlichen Technischen Hochschule (KTH) errichtet werden. Der Reaktor wurde nur zu Forschungszwecken und zur Herstellung medizinischer Isotope eingesetzt.

Nachdem man von Frankreich drei Tonnen Uran geliehen hatte, wurde der Reaktor am 13. Juli 1954 um genau 18:59 Uhr zum ersten Mal in Betrieb genommen und am schwedischen Nationalfeiertag (6. Juni) 1970 geschlossen. Er stand dann viele Jahre leer, obwohl betrunkene KTH-Studenten Gerüchten zufolge gelegentlich wilde After-Partys dort unten feierten.

Heute wird die leere Reaktorhalle – immer noch voll mit Geländern, Rohren und Kränen – für Kunstveranstaltungen sowie als Wissenschaftslabor genutzt und dient als Museum über Schwedens frühe Atomgeschichte.

Von Wissenschaftlern der damaligen Zeit als „Kathedrale der Wissenschaft und Technik" bezeichnet, besitzt sie nun passenderweise eine eigene Orgel – einen Wurlitzer aus dem Jahr 1926, der früher im Skandia-Theater auf der Drottninggatan untergebracht war. Tatsächlich ähnelt der hohe Betonraum einer Kathedrale und hat eine sehr interessante Akustik.

Die Decke war blau gestrichen, um denen, die dort arbeiteten, ein Gefühl von freiem Himmel über ihnen zu geben und Klaustrophobie in Schach zu halten. Das aufgesprühte Gittermuster, das überall zu sehen ist, wurde nach der Stilllegung verwendet, um die Strahlung zu messen und zu bestätigen, dass am gesamten Standort die Freisetzungswerte unter den Grenzwerten lagen.

R1 ist schon in Filmen und Musikvideos wie Alan Walkers *Faded (Restrung)* von 2016 und Madonnas Hit *Nothing Really Matters* aus dem Jahr 1998 aufgetaucht.

DIE EULEN VON UGGLEVIKSKÄLLAN

21

Ein Pavillon für eine heilige Quelle aus der Zeit der Jahrhundertwende

Uggleviksvägen
Die Ugglevikskällan ist den ganzen Tag geöffnet.
Metro-Station: 20 Gehminuten von der Station Tekniska Högskolan entfernt

Der schöne, 1902 errichtete Pavillon von Ugglevikskällan ist ein achteckiges gelbes Holzbauwerk, das mit schrulligen Eulen verziert ist – in Anlehnung an den Namen der Quelle, um die es gebaut wurde, was so viel wie „Eulenbuchtquelle" bedeutet (abgeleitet von der nahegelegenen Uggleviken, „Eulenbucht", die Heimat vieler verschiedener Eulen ist).

Die erst seit dem späten 18. Jahrhundert in Textquellen dokumentierte Quelle galt in prähistorischer Zeit angeblich als heiliger Ort und war Gegenstand alter Kultpraktiken mit Opferritualen. Als eine von mehreren sogenannten *Trefaldighetskällor* („Dreifaltigkeitsquellen") in Schweden schrieb ihr der Volksglaube heilende Kräfte zu. Diese waren angeblich ganz besonders wirksam, wenn ihr Wasser in der Nacht vor dem Dreifaltigkeitssonntag (sieben Tage nach Pfingsten) getrunken wurde, vorzugsweise in sieben kleinen Schlucken. Die rituelle Waschung eines Kranken konnte hier ebenfalls vorgenommen werden. Das Wasser einer solchen Quelle musste nach Norden fließen, der als Wohnort des Bösen galt und an den so die Krankheit mit dem fließenden Wasser zurückgeführt werden konnte. Das Trinken oder die Körperwaschungen waren nicht nur für kranke Menschen gedacht, sondern waren vor allem ein jährliches Präventivritual. Diese Ideen wurzeln im Mittelalter und sind katholisch geprägt, können aber auch vorchristliche, heidnische Wurzeln haben. Bis weit in das 20. Jahrhundert brachte man an den Quellen kleine Opfergeschenke dar, in der Regel Metallgegenstände wie Münzen oder Nadeln. Ende des 19. Jahrhunderts kamen viele Menschen am Abend vor dem Dreifaltigkeitssonntag in Ugglevikskällan zusammen, um Wasser zu trinken, zu tanzen und Spaß zu haben. Sie kamen auch zu anderen Gelegenheiten, und das Wasser galt als gesundheitsfördernd, auch bei rationaleren Menschen, die nicht dem Volksglauben rund um die Quelle anhingen. Der Pavillon hat ein Schindeldach und Bänke auf beiden Seiten. Diese dienten dazu, sich hinzusetzen, während man das wundersame Wasser aus der Quelle trank. In den 1970er-Jahren nahm die Qualität des Wassers jedoch ab, heute ist es mittlerweile ungenießbar. Der Ort hat trotzdem eine magische Aura, und Wasser entspringt noch immer etwas abseits der alten Quelle – zumindest so viel, dass es möglich ist, sich in der Nacht vor dem Dreifaltigkeitssonntag die Hände zu waschen (nicht trinken!).

DIE FISKARTORPET

(22)

Eine königliche Fischerhütte, die mit einem alten Baum verwachsen ist

Norra Fiskartorpsvägen 100
Privat. Man kann aber durch die Fenster einen Blick ins Innere werfen
Metro-Station: 15 Gehminuten von der Station Universitetet entfernt

Die Fiskartorpet, die als Fischerhütte für König Karl XI. (1655–1697) erbaut wurde, ist ein malerisches kleines Haus, das langsam mit der nebenan stehenden Eiche verwächst. Da das Fällen von Eichen in Djurgården (heute ein Nationalpark) verboten ist, hat der Baum schon über 330 Jahre auf dem Buckel und steht dort, seit das Haus gebaut wurde. Seine Wurzeln wachsen unter dem Bau hindurch, und im Laufe der Jahre hat der Baum das Gebäude langsam verschoben. Der Stamm und die Äste sind teilweise auch in die Außenwände und die Traufe hineingewachsen, was einen faszinierenden Haus-Baum-Hybriden ergibt.

Sein Äußeres mit dem charmanten Gründach hat sich seit seiner Errichtung kaum verändert. Eines der Zimmer ist mit groben, alten Holzstühlen und einem Tisch ausgestattet, während das andere mehr oder weniger leer ist. Die Hütte wurde schon früh dokumentiert und auf einer Karte von 1696 eingezeichnet. Damals war es das einzige Gebäude dort, und die Wasserstände waren höher als heute, so dass diese isolierte Hütte direkt neben gutem Angelgewässer stand, wo der stressgeplagte Monarch entspannt fischen konnte.

König Karl XI. schuf in den 1680er-Jahren das riesige Jagdrevier Djurgården, in dem sich die Hütte befindet. Anfangs war es nur eine Wald- und Agrarlandschaft, wurde aber umgestaltet, um die Jagd auf die fast 1500 Stück Rotwild, die dort ausgesetzt wurden, zu ermöglichen. Die Jagd sollte zum Teil die Kampfkünste verbessern, was in den unruhigen Zeiten Karls XI. nötig war, als Russland eine ständige Bedrohung für Schweden darstellte. Im 18. Jahrhundert lebte im Sommer ein königlicher Wildhüter in der Fischerhütte. Auf dem Gelände gab es auch eine Gaststätte, die bei dem berühmten Komponisten und Dichter Carl Michael Bellman (1740–1795) beliebt war. Bellman liebte den Ort und seine wunderschöne Natur so sehr, dass er ihn in seinem Lied *Fredmans Epistel Nr. 71* erwähnte und ihn „einen göttlichen Anblick!“ nannte.

Die Fischerhütte und ihre unmittelbare Umgebung gelten als Geburtsort von Schwedens Begeisterung für die Outdoor-Kultur. Der Vorstellung der Natur als Erholungsquelle fasste in der Bevölkerung langsam Fuß. Im 19. Jahrhundert war das idyllische Gebiet um die Fischerhütte der primäre Standort von Organisationen, die sich auf die Vermarktung von Outdoor-Aktivitäten konzentrierten.

DER ACHTECKIGE EDELCRANTZ-TURM

㉓

Eine optische Telegrafenstation und Orangerie aus dem 18. Jahrhundert

Stora Skuggans Väg 9
Öffentlich nicht zugänglich; man kann aber durch die Fenster einen Blick ins Innere werfen
Metro-Station: 15 Gehminuten von der Station Universitetet entfernt

Der beeindruckende und skurrile achteckige Edelcrantz-Turm wurde 1796 von Abraham Niclas Edelcrantz (1754–1821) erbaut, einem echten Universalgenie. Als eines der 18 Gründungsmitglieder der Schwedischen Akademie (die heute die Preisträger für den Literaturnobelpreis auswählt) war Edelcrantz auch Leiter des Königlichen Theaters, Privatsekretär des Königs, ein gefeierter Dichter, Übersetzer und Parlamentsabgeordneter.

Als Erfinder war er maßgeblich am Einsetzen der Industrialisierung Schwedens beteiligt.

Sein Liebesleben war jedoch weniger erfüllt. Nachdem Edelcrantz der anglo-irischen Schriftstellerin Maria Edgeworth (1768–1849) erfolglos einen Antrag gemacht hatte, war er untröstlich, blieb unverheiratet und kinderlos und verbrachte viel Zeit mit Grübeleien in seinem achteckigen Turm.

Eine seiner Innovationen, die auf früheren Arbeiten des französischen Erfinders Claude Chappe (1763–1805) basierte, war der optische Telegraf. Er wurde 1794 eingeweiht, als ein Geburtstagsgruß (ein Gedicht von Edelcrantz) für König Gustav III. von der Katharinenkirche in Södermalm auf das Königsschloss in Drottningholm übermittelt wurde. Der schwedische Telegraf war fast doppelt so schnell wie sein französisches Pendant und erwies sich später im Krieg gegen Russland 1808 als sehr nützlich. Telegrafenstationen lagen etwa zehn Kilometer voneinander entfernt, und der achteckige Turm diente als eine dieser Stationen.

Er hatte zudem viele andere Funktionen: Die hohen Fenster im unteren Stockwerk sollten Sonnenlicht in die dortige Orangerie einlassen, in der während der kalten schwedischen Winter zarte Pflanzen aus der südlichen Hemisphäre aufbewahrt wurden. Das obere Stockwerk war der Privatwohnsitz von Edelcrantz, und das Dach hatte eine Aussichtsplattform, auf der der optische Telegraf stand.

Der Architekturstil wurde als eine originelle Mischung aus südeuropäischem Klassizismus und nordeuropäischer Gotik beschrieben. Letztere war vor allem in den mit Spitzbögen verzierten Balustraden der Balkone und der Terrasse zu sehen. Später wurden sie jedoch leider durch neutralere Balustraden ersetzt.

Im September 1995 kam Thomas Jonglez im pakistanischen Peschawar, 20 Kilometer von den Stammesgebieten entfernt, die er wenige Tage später besuchte, auf die Idee, die ihm bekannten verborgenen Orte von Paris zu Papier zu bringen. Seine siebenmonatige Reise von Peking nach Paris führte ihn damals unter anderem nach Tibet (in das er ohne gültige Papiere, versteckt unter Decken in einem Nachtbus, einreiste), in den Iran und nach Kurdistan. Den gesamten Weg legte er ohne Flugzeug, ausschließlich per Schiff, Anhalter, Fahrrad, Zug oder Bus, reitend und zu Fuß zurück. Er erreichte Paris gerade noch rechtzeitig, um mit seiner Familie Weihnachten zu feiern. Nach der Rückkehr in seine Geburtsstadt verbrachte er zwei Jahre mit der Erkundung praktisch aller Straßen von Paris, um, gemeinsam mit einem Freund, seinen ersten Reiseführer über die Geheimnisse von Paris zu schreiben. Anschließend war er zunächst sieben Jahre in der Eisen- und Stahlindustrie tätig, bevor ihn erneut die Leidenschaft packte und er sich ganz dem Entdecken widmete. 2003 gründete er seinen Verlag, 2006 zog er nach Venedig. 2013 zog es ihn mit seiner Familie wieder in die Welt hinaus. Sechs Monate führte die Reise von Venedig über Nordkorea, Mikronesien, die Salomon-Inseln, die Osterinsel, Peru und Bolivien nach Brasilien. Nach sieben Jahren in Rio de Janeiro lebt Thomas heute mit seiner Frau und seinen drei Kindern in Berlin. Die Publikationen des Jonglez Verlags sind in neun Sprachen und 40 Ländern erhältlich.

DANKSAGUNG

Vielen Dank an Eva Kingsepp, Klara Nilsson, Anders Lundgren und Fredrik Söderberg für eure Infos zu einigen der Orte. Danke an Kjell Lekeby für seinen Input zu alchemistischen und anderen esoterischen Themen. An Simon Sorgenfrei, der mir nützliche Nachschlagewerke über Stockholm geliehen hat.
Vielen Dank auch an Suzanne Faxneld für ihre Hilfe bei den Karten. Danke an meine Kinder Cornelia und Gabriel Faxneld, die mich geduldig (manchmal auch nicht so geduldig) auf Wochenendausflüge begleitet haben, um Fotos zu machen.
Dieses Buch ist meinem Freund Dr. Per Norström gewidmet, dessen Wissensschatz von all den kuriosen Dingen, genau wie bei einigen meiner anderen Bücher, von unschätzbarem Wert war.

Maps: Cyrille Suss – **Layout:** Emmanuelle Willard Toulemonde – **Übersetzung:** Verena Thiard-Laforet – **Lektorat:** Clemens Hoffman – **Korrektorat:** Johanna Kling – **Publishing:** Clémence Mathé

November 2024 – 1. Auflage
ISBN: 978-2-36195-804-6
Gedruckt in Bulgarien von Dedrax